TRANZLATY

Sprache ist für alle da

Jezik je za sve

Das Kommunistische Manifest

Komunistički Manifest

Karl Marx
&
Friedrich Engels

Deutsch / Hrvatski

Copyright © 2024 Tranzlaty
All rights reserved.
Published by Tranzlaty
ISBN: 978-1-80572-325-7
Original text by Karl Marx and Friedrich Engels
The Communist Manifesto
First published in 1848
www.tranzlaty.com

Einleitung
Uvod

Ein Gespenst geht um in Europa – das Gespenst des Kommunismus

Bauk proganja Europu – bauk komunizma

Alle Mächte des alten Europa sind eine heilige Allianz eingegangen, um dieses Gespenst auszutreiben

Sve sile stare Europe ušle su u sveti savez kako bi istjerale ovaj bauk

Papst und Zaren, Metternich und Guizot, französische Radikale und deutsche Polizeispione

Papa i car, Metternich i Guizot, francuski radikali i njemački policijski špijuni

Wo ist die Oppositionspartei, die von ihren Gegnern an der Macht nicht als kommunistisch verschrien wurde?

Gdje je stranka u opoziciji koju njezini protivnici na vlasti nisu osudili kao komunističku?

Wo ist die Opposition, die nicht den Brandvorwurf des Kommunismus gegen die fortgeschritteneren Oppositionsparteien zurückgeschleudert hat?

Gdje je oporba koja nije odbacila žigosanje komunizma protiv naprednijih oporbenih stranaka?

Und wo ist die Partei, die den Vorwurf nicht gegen ihre reaktionären Gegner erhoben hat?

A gdje je stranka koja nije iznijela optužbe protiv svojih reakcionarnih protivnika?

Aus dieser Tatsache ergeben sich zweierlei

Iz ove činjenice proizlaze dvije stvari

I. Der Kommunismus wird bereits von allen europäischen Mächten als eine Macht anerkannt

I. Komunizam je već priznat od strane svih europskih sila kao sila

II. Es ist höchste Zeit, dass die Kommunisten ihre Ansichten, Ziele und Tendenzen offen vor der ganzen Welt offenlegen

II. Krajnje je vrijeme da komunisti otvoreno, pred očima cijelog svijeta, objave svoje stavove, ciljeve i tendencije

sie müssen diesem Kindermärchen vom Gespenst des
Kommunismus mit einem Manifest der Partei selbst
begegnen

moraju se suočiti s ovom dječjom pričom o Duhu komunizma
s Manifestom same partije

Zu diesem Zweck haben sich Kommunisten verschiedener
Nationalitäten in London versammelt und folgendes
Manifest entworfen

U tu svrhu, komunisti različitih nacionalnosti okupili su se u
Londonu i skicirali sljedeći Manifest

Dieses Manifest wird in deutscher, englischer,
französischer, italienischer, flämischer und dänischer
Sprache veröffentlicht

ovaj manifest objavljuje se na engleskom, francuskom,
njemačkom, talijanskom, flamanskom i danskom jeziku

Und jetzt soll es in allen Sprachen veröffentlicht werden, die
Tranzlaty anbietet

A sada će biti objavljen na svim jezicima koje Tranzlaty nudi

Bourgeois und Proletarier
Buržoazija i proleteri
Die Geschichte aller bisherigen Gesellschaften ist die Geschichte der Klassenkämpfe
Povijest svih dosadašnjih društava je povijest klasnih borbi
Freier und Sklave, Patrizier und Plebejer, Herr und Leibeigener, Zunftmeister und Geselle
Slobodnjak i rob, patricij i plebejac, gospodar i kmet, cehovski gospodar i šegrt
mit einem Wort, Unterdrücker und Unterdrückte
jednom riječju, tlačitelj i potlačeni
Diese sozialen Klassen standen in ständiger Opposition zueinander
Te su društvene klase stajale u stalnoj opoziciji jedna drugoj
Sie führten einen ununterbrochenen Kampf. Jetzt versteckt, jetzt offen
Vodili su neprekinutu borbu. Sada skriveno, sada otvoreno
Ein Kampf, der entweder in einer revolutionären Rekonstitution der Gesellschaft als Ganzes endete
borba koja je završila revolucionarnom rekonstitucijom društva u cjelini
oder ein Kampf, der im gemeinsamen Ruin der streitenden Klassen endete
ili borba koja je završila zajedničkom propasti sukobljenih klasa
Blicken wir zurück auf die früheren Epochen der Geschichte
Osvrnimo se na ranije epohe povijesti
Wir finden fast überall eine komplizierte Einteilung der Gesellschaft in verschiedene Ordnungen
gotovo svugdje nalazimo komplicirano uređenje društva u različite poretke
Es gab schon immer eine mannigfaltige Abstufung des sozialen Ranges
uvijek je postojala višestruka gradacija društvenog ranga
Im alten Rom gibt es Patrizier, Ritter, Plebejer, Sklaven
U starom Rimu imamo patricije, vitezove, plebejce, robove

im Mittelalter: Feudalherren, Vasallen, Zunftmeister, Gesellen, Lehrlinge, Leibeigene
u srednjem vijeku: feudalni gospodari, vazali, cehovski majstori, šegrti, kmetovi
In fast allen diesen Klassen sind wiederum untergeordnete Abstufungen
U gotovo svim tim razredima, opet, podređene gradacije
Die moderne Bourgeoisie Gesellschaft ist aus den Trümmern der feudalen Gesellschaft hervorgegangen
Moderno buržoasko društvo niknulo je iz ruševina feudalnog društva
Aber diese neue Gesellschaftsordnung hat die Klassengegensätze nicht beseitigt
Ali ovaj novi društveni poredak nije uklonio klasne antagonizme
Sie hat nur neue Klassen und neue Unterdrückungsbedingungen geschaffen
On je samo uspostavio nove klase i nove uvjete ugnjetavanja
Sie hat neue Formen des Kampfes an die Stelle der alten gesetzt
uspostavila je nove oblike borbe umjesto starih
Die Epoche, in der wir uns befinden, weist jedoch eine Besonderheit auf
Međutim, epoha u kojoj se nalazimo ima jednu posebnost
die Epoche der Bourgeoisie hat die Klassengegensätze vereinfacht
epoha buržoazije pojednostavila je klasne antagonizme
Die Gesellschaft als Ganzes spaltet sich mehr und mehr in zwei große feindliche Lager
Društvo u cjelini sve se više dijeli u dva velika neprijateljska tabora
zwei große soziale Klassen, die sich direkt gegenüberstehen: Bourgeoisie und Proletariat
dvije velike društvene klase izravno okrenute jedna prema drugoj: buržoazija i proletarijat

Aus den Leibeigenen des Mittelalters gingen die Bürger der ersten Städte hervor
Od kmetova srednjeg vijeka potekli su ovlašteni građani najranijih gradova
Aus diesen Bürgern entwickelten sich die ersten Elemente der Bourgeoisie
Od ovih građana razvijeni su prvi elementi buržoazije
Die Entdeckung Amerikas und die Umrundung des Kaps
Otkriće Amerike i zaokruživanje rta
diese Ereignisse eröffneten der aufstrebenden Bourgeoisie neues Terrain
ovi događaji otvorili su svježe tlo za buržoaziju u usponu
Die ostindischen und chinesischen Märkte, die Kolonisierung Amerikas, der Handel mit den Kolonien
Istočnoindijsko i kinesko tržište, kolonizacija Amerike, trgovina s kolonijama
die Vermehrung der Tauschmittel und der Waren überhaupt
povećanje sredstava razmjene i roba općenito
Diese Ereignisse gaben dem Handel, der Schiffahrt und der Industrie einen nie gekannten Impuls
Ovi događaji dali su trgovini, plovidbi i industriji impuls koji nikada prije nije bio poznat
Sie gab dem revolutionären Element in der wankenden feudalen Gesellschaft eine rasche Entwicklung
To je omogućilo brzi razvoj revolucionarnog elementa u posrnulom feudalnom društvu
Geschlossene Zünfte hatten das feudale System der industriellen Produktion monopolisiert
zatvoreni cehovi monopolizirali su feudalni sustav industrijske proizvodnje
Doch das reichte den wachsenden Bedürfnissen der neuen Märkte nicht mehr aus
Ali to više nije bilo dovoljno za rastuće potrebe novih tržišta
Das Manufaktursystem trat an die Stelle des feudalen Systems der Industrie

Proizvodni sustav zauzeo je mjesto feudalnog sustava industrije

Die Zunftmeister wurden vom produzierenden Bürgertum auf die Seite gedrängt

Cehovske majstore gurnula je na jednu stranu proizvodna srednja klasa

Die Arbeitsteilung zwischen den verschiedenen korporativen Innungen verschwand

Nestala je podjela rada između različitih korporativnih cehova

Die Arbeitsteilung durchdrang jede einzelne Werkstatt

podjela rada prodrla je u svaku pojedinu radionicu

In der Zwischenzeit wuchsen die Märkte immer weiter und die Nachfrage stieg immer weiter

U međuvremenu, tržišta su stalno rasla, a potražnja je rasla

Selbst Fabriken reichten nicht mehr aus, um den Anforderungen gerecht zu werden

Čak ni tvornice više nisu bile dovoljne da zadovolje zahtjeve

Daraufhin revolutionierten Dampf und Maschinen die industrielle Produktion

Nakon toga, para i strojevi revolucionirali su industrijsku proizvodnju

An die Stelle der Manufaktur trat der Riese, die moderne Industrie

Mjesto proizvodnje zauzeo je div, Moderna industrija

An die Stelle des industriellen Mittelstandes traten industrielle Millionäre

mjesto industrijske srednje klase zauzeli su industrijski milijunaši

an die Stelle der Führer ganzer Industriearmeen trat die moderne Bourgeoisie

mjesto vođa cijelih industrijskih vojski zauzela je moderna buržoazija

die Entdeckung Amerikas ebnete der modernen Industrie den Weg zur Etablierung des Weltmarktes

otkriće Amerike otvorilo je put modernoj industriji da uspostavi svjetsko tržište

Dieser Markt gab dem Handel, der Schifffahrt und der Kommunikation auf dem Landweg eine ungeheure Entwicklung

Ovo tržište dalo je ogroman razvoj trgovini, plovidbi i komunikaciji kopnom

Diese Entwicklung hat seinerzeit auf die Ausdehnung der Industrie reagiert

Taj je razvoj u svoje vrijeme reagirao na širenje industrije

Sie reagierte in dem Maße, wie sich die Industrie ausbreitete, und wie sich Handel, Schiffahrt und Eisenbahn ausdehnten

reagirao je proporcionalno tome kako se industrija širila i kako su se širile trgovine, plovidbe i željeznica

in demselben Maße, in dem sich die Bourgeoisie entwickelte, vermehrte sie ihr Kapital

u istom omjeru u kojem se razvijala buržoazija, povećali su svoj kapital

und das Bourgeoisie drängte jede aus dem Mittelalter überlieferte Klasse in den Hintergrund

a buržoazija je gurnula u drugi plan svaku klasu koja se prenosila iz srednjeg vijeka

daher ist die moderne Bourgeoisie selbst das Produkt eines langen Entwicklungsganges

stoga je moderna buržoazija sama po sebi proizvod dugog tijeka razvoja

Wir sehen, dass es sich um eine Reihe von Revolutionen in der Produktions- und Tauschweise handelt

Vidimo da je to niz revolucija u načinima proizvodnje i razmjene

Jeder Schritt der Bourgeoisie Entwicklung ging mit einem entsprechenden politischen Fortschritt einher

Svaki razvojni korak buržoazije bio je popraćen odgovarajućim političkim napretkom

Eine unterdrückte Klasse unter der Herrschaft des feudalen Adels

Potlačena klasa pod vlašću feudalnog plemstva

**ein bewaffneter und selbstverwalteter Verein in der
mittelalterlichen Kommune**
Oružana i samoupravna udruga u srednjovjekovnoj komuni
**hier eine unabhängige Stadtrepublik (wie in Italien und
Deutschland)**
ovdje, neovisna urbana republika (kao u Italiji i Njemačkoj)
**dort ein steuerpflichtiger "dritter Stand" der Monarchie (wie
in Frankreich)**
tamo, oporezivi "treći stalež" monarhije (kao u Francuskoj)
Danach, in der Zeit der eigentlichen Herstellung
nakon toga, u razdoblju proizvodnje
**die Bourgeoisie diente entweder der halbfeudalen oder der
absoluten Monarchie**
buržoazija je služila ili polufeudalnoj ili apsolutnoj monarhiji
oder die Bourgeoisie fungierte als Gegengewicht zum Adel
ili je buržoazija djelovala kao protuteža plemstvu
**und in der Tat war die Bourgeoisie ein Eckpfeiler der großen
Monarchien überhaupt**
i, zapravo, buržoazija je bila kamen temeljac velikih monarhija
općenito
**aber die moderne Industrie und der Weltmarkt haben sich
seitdem etabliert**
ali moderna industrija i svjetsko tržište etablirali su se od tada
**und die Bourgeoisie hat sich die ausschließliche politische
Herrschaft erobert**
i buržoazija je osvojila za sebe isključivu političku vlast
**sie erreichte diese politische Herrschaft durch den
modernen repräsentativen Staat**
postigao je taj politički utjecaj kroz modernu predstavničku
državu
**Die Exekutive des modernen Staates ist nichts anderes als
ein Verwaltungskomitee**
Izvršni direktori moderne države samo su upravni odbor
**und sie leiten die gemeinsamen Angelegenheiten der
gesamten Bourgeoisie**
i oni upravljaju zajedničkim poslovima cijele buržoazije

Die Bourgeoisie hat historisch gesehen eine höchst revolutionäre Rolle gespielt

Buržoazija je, povijesno gledano, odigrala najrevolucionarniju ulogu

Wo immer sie die Oberhand gewann, machte sie allen feudalen, patriarchalischen und idyllischen Verhältnissen ein Ende

gdje god je prevladala, okončala je sve feudalne, patrijarhalne i idilične odnose

Sie hat erbarmungslos die bunten feudalen Bande zerrissen, die den Menschen an seine "natürlichen Vorgesetzten" banden

Nemilosrdno je rastrgao šarolike feudalne veze koje su povezivale čovjeka s njegovim "prirodnim nadređenima"

Und es ist kein Nexus zwischen Mensch und Mensch übrig geblieben, außer nacktem Eigeninteresse

i nije ostavio nikakvu vezu između čovjeka i čovjeka, osim golog osobnog interesa

Die Beziehungen der Menschen zueinander sind zu nichts anderem geworden als zu einer gefühllosen "Geldzahlung"

Međusobni odnosi ljudi postali su ništa više od bešćutnog "gotovinskog plaćanja"

Sie hat die himmlischsten Ekstasen religiöser Inbrunst ertränkt

Utopio je najnebeskije ekstaze religioznog žara

sie hat ritterlichen Enthusiasmus und philiströsen Sentimentalismus übertönt

Utopio je viteški entuzijazam i filistarski sentimentalizam

Sie hat diese Dinge im eisigen Wasser des egoistischen Kalküls ertränkt

utopio je te stvari u ledenoj vodi egoistične kalkulacije

Sie hat den persönlichen Wert in Tauschwert aufgelöst

Osobnu vrijednost pretvorio je u zamjenjivu vrijednost

Sie hat die zahllosen und unveräußerlichen verbrieften Freiheiten ersetzt

zamijenio je bezbrojne i neotuđive unajmljene slobode

und sie hat eine einzige, skrupellose Freiheit geschaffen; Freihandel
i uspostavio je jedinstvenu, nesavjesnu slobodu; Slobodna trgovina
Mit einem Wort, sie hat dies für die Ausbeutung getan
Jednom riječju, to je učinio zbog eksploatacije
Ausbeutung, verschleiert durch religiöse und politische Illusionen
eksploatacija prikrivena vjerskim i političkim iluzijama
Ausbeutung verschleiert durch nackte, schamlose, direkte, brutale Ausbeutung
eksploatacija prikrivena golim, besramnim, izravnim, brutalnim iskorištavanjem
die Bourgeoisie hat den Heiligenschein von jedem zuvor geehrten und verehrten Beruf abgestreift
buržoazija je skinula aureolu sa svakog prethodno časnog i poštovanog zanimanja
der Arzt, der Advokat, der Priester, der Dichter und der Mann der Wissenschaft
liječnik, odvjetnik, svećenik, pjesnik i čovjek znanosti
Sie hat diese ausgezeichneten Arbeiter in ihre bezahlten Lohnarbeiter verwandelt
pretvorio je ove ugledne radnike u svoje plaćene najamne radnike
Die Bourgeoisie hat der Familie den sentimentalen Schleier weggerissen
Buržoazija je strgnula sentimentalni veo s obitelji
Und sie hat das Familienverhältnis auf ein bloßes Geldverhältnis reduziert
i svela je obiteljski odnos na puki novčani odnos
die brutale Zurschaustellung der Kraft im Mittelalter, die die Reaktionäre so sehr bewundern
brutalni prikaz snage u srednjem vijeku kojem se reakcionisti toliko dive
Auch diese fand ihre passende Ergänzung in der trägesten Trägheit

Čak je i to našlo svoj prikladan dodatak u najlijenijoj
indolenciji
Die Bourgeoisie hat enthüllt, wie es dazu gekommen ist
Buržoazija je otkrila kako se sve to dogodilo
Die Bourgeoisie war die erste, die gezeigt hat, was die
Tätigkeit des Menschen bewirken kann
Buržoazija je bila prva koja je pokazala što čovjekova aktivnost
može donijeti
Sie hat Wunder vollbracht, die ägyptische Pyramiden,
römische Aquädukte und gotische Kathedralen bei weitem
übertreffen
Ostvario je čuda koja daleko nadmašuju egipatske piramide,
rimske akvadukte i gotičke katedrale
und sie hat Expeditionen durchgeführt, die alle früheren
Auszüge von Nationen und Kreuzzügen in den Schatten
stellten
i provodio je ekspedicije koje su zasjenile sve nekadašnje
egzoduse naroda i križarske ratove
Die Bourgeoisie kann nicht existieren, ohne die
Produktionsmittel ständig zu revolutionieren
Buržoazija ne može postojati bez stalne revolucije u
proizvodnim instrumentima
und damit kann sie nicht ohne ihre Beziehungen zur
Produktion existieren
i stoga ne može postojati bez svojih odnosa prema proizvodnji
und deshalb kann sie nicht ohne ihre Beziehungen zur
Gesellschaft existieren
i stoga ne može postojati bez svojih odnosa s društvom
Alle früheren Industrieklassen hatten eine Bedingung
gemeinsam
Sve ranije industrijske klase imale su jedan zajednički uvjet
Sie setzten auf die Bewahrung der alten Produktionsweisen
oslanjali su se na očuvanje starih načina proizvodnje
aber die Bourgeoisie brachte eine völlig neue Dynamik mit
sich
ali buržoazija je sa sobom donijela potpuno novu dinamiku

Ständige Revolutionierung der Produktion und ununterbrochene Störung aller gesellschaftlichen Verhältnisse
Stalna revolucija u proizvodnji i neprekidno narušavanje svih društvenih uvjeta
diese immerwährende Unsicherheit und Unruhe unterscheidet die Epoche der Bourgeoisie von allen früheren
ova vječna neizvjesnost i uznemirenost razlikuje buržoasku epohu od svih ranijih
Die bisherigen Beziehungen zur Produktion waren mit alten und ehrwürdigen Vorurteilen und Meinungen verbunden
prijašnji odnosi s proizvodnjom dolazili su sa starim i časnim predrasudama i mišljenjima
Aber all diese festgefahrenen, eingefrorenen Beziehungen werden hinweggefegt
Ali svi ti fiksni, brzo zamrznuti odnosi su pometeni
Alle neu gebildeten Verhältnisse werden antiquiert, bevor sie erstarren können
Svi novoformirani odnosi postaju zastarjeli prije nego što mogu okoštati
Alles, was fest ist, zerschmilzt in Luft, und alles, was heilig ist, wird entweiht
Sve što je čvrsto topi se u zraku, i sve što je sveto je oskvrnuto
Der Mensch ist endlich gezwungen, mit nüchternen Sinnen seinen wirklichen Lebensbedingungen ins Auge zu sehen
čovjek je konačno prisiljen suočiti se s trezvenim osjetilima sa svojim stvarnim životnim uvjetima
und er ist gezwungen, sich seinen Beziehungen zu seinesgleichen zu stellen
i prisiljen je suočiti se sa svojim odnosima sa svojom vrstom
Die Bourgeoisie muss ständig ihre Märkte für ihre Produkte erweitern
Buržoazija stalno treba širiti svoja tržišta za svoje proizvode
und deshalb wird die Bourgeoisie über die ganze Erdoberfläche gejagt

i, zbog toga, buržoazija je progonjena po cijeloj površini zemaljske kugle

Die Bourgeoisie muss sich überall einnisten, sich überall niederlassen, überall Verbindungen herstellen

Buržoazija se mora svugdje ugnijezditi, svugdje se naseliti, svugdje uspostaviti veze

Die Bourgeoisie muss in jedem Winkel der Welt Märkte schaffen, um sie auszubeuten

Buržoazija mora stvoriti tržišta u svakom kutku svijeta kako bi eksploatirala

Die Produktion und der Konsum in jedem Land haben einen kosmopolitischen Charakter erhalten

proizvodnja i potrošnja u svakoj zemlji dobila je kozmopolitski karakter

der Verdruss der Reaktionäre ist mit Händen zu greifen, aber er hat sich trotzdem fortgesetzt

ogorčenost reakcionista je opipljiva, ali se nastavila bez obzira na to

Die Bourgeoisie hat der Industrie den nationalen Boden, auf dem sie stand, unter den Füßen weggezogen

Buržoazija je ispod nogu industrije izvukla nacionalno tlo na kojem je stajala

Alle alteingesessenen nationalen Industrien sind zerstört worden oder werden täglich zerstört

sve stare nacionalne industrije su uništene, ili se svakodnevno uništavaju

Alle alteingesessenen nationalen Industrien werden durch neue Industrien verdrängt

sve stare nacionalne industrije istisnute su novim industrijama

Ihre Einführung wird zu einer Frage von Leben und Tod für alle zivilisierten Völker

njihovo uvođenje postaje pitanje života i smrti za sve civilizirane narode

Sie werden von Industrien verdrängt, die keine heimischen Rohstoffe mehr verarbeiten

istiskuju ih industrije koje više ne obrađuju domaće sirovine

Stattdessen beziehen diese Industrien Rohstoffe aus den entlegensten Zonen

umjesto toga, ove industrije izvlače sirovine iz najudaljenijih zona

Industrien, deren Produkte nicht nur zu Hause, sondern in allen Teilen der Welt konsumiert werden

industrije čiji se proizvodi konzumiraju, ne samo kod kuće, već i u svim dijelovima svijeta

An die Stelle der alten Bedürfnisse, die durch die Erzeugnisse des Landes befriedigt werden, treten neue Bedürfnisse

Umjesto starih potreba, zadovoljenih proizvodima zemlje, nalazimo nove želje

Diese neuen Bedürfnisse bedürfen zu ihrer Befriedigung der Produkte aus fernen Ländern und Klimazonen

Ove nove potrebe zahtijevaju za svoje zadovoljenje proizvode dalekih zemalja i podneblja

An die Stelle der alten lokalen und nationalen Abgeschiedenheit und Selbstversorgung tritt der Handel

Umjesto stare lokalne i nacionalne osamljenosti i samodostatnosti, imamo trgovinu

internationaler Austausch in alle Richtungen; universelle Interdependenz der Nationen

međunarodna razmjena u svim smjerovima; univerzalna međuovisnost naroda

Und so wie wir von Materialien abhängig sind, so sind wir von der intellektuellen Produktion abhängig

i baš kao što smo ovisni o materijalima, tako smo i ovisni o intelektualnoj proizvodnji

Die geistigen Schöpfungen der einzelnen Nationen werden zum Gemeingut

Intelektualne tvorevine pojedinih naroda postaju zajedničko vlasništvo

Nationale Einseitigkeit und Engstirnigkeit werden immer unmöglicher

Nacionalna jednostranost i uskogrudnost postaju sve nemogući

Und aus den zahlreichen nationalen und lokalen Literaturen entsteht eine Weltliteratur

a iz brojnih nacionalnih i lokalnih književnosti proizlazi svjetska književnost

durch die rasche Verbesserung aller Produktionsmittel

brzim poboljšanjem svih instrumenata proizvodnje

durch die immens erleichterten Kommunikationsmittel

neizmjerno olakšanim sredstvima komunikacije

Die Bourgeoisie zieht alle (auch die barbarischsten Nationen) in die Zivilisation hinein

Buržoazija privlači sve (čak i najbarbarskije nacije) u civilizaciju

Die billigen Preise seiner Waren; die schwere Artillerie, die alle chinesischen Mauern niederreißt

Niske cijene njezine robe; teško topništvo koje ruši sve kineske zidine

Der hartnäckige Fremdenhass der Barbaren wird zur Kapitulation gezwungen

Tvrdoglava mržnja barbara prema strancima prisiljena je kapitulirati

Sie zwingt alle Nationen, unter Androhung des Aussterbens, die Bourgeoisie Produktionsweise anzunehmen

Prisiljava sve nacije, pod prijetnjom izumiranja, da prihvate buržoaski način proizvodnje

Sie zwingt sie, das, was sie Zivilisation nennt, in ihre Mitte einzuführen

prisiljava ih da u svoju sredinu uvedu ono što naziva civilizacijom

Die Bourgeoisie zwingt die Barbaren, selbst zur Bourgeoisie zu werden

Buržoazija prisiljava barbare da i sami postanu buržoazija

mit einem Wort, die Bourgeoisie schafft sich eine Welt nach ihrem Bilde

jednom riječju, buržoazija stvara svijet po svojoj slici
Die Bourgeoisie hat das Land der Herrschaft der Städte unterworfen
Buržoazija je podvrgnula selo vladavini gradova
Sie hat riesige Städte geschaffen und die Stadtbevölkerung stark vergrößert
Stvorio je ogromne gradove i uvelike povećao urbano stanovništvo
Sie rettete einen beträchtlichen Teil der Bevölkerung vor der Idiotie des Landlebens
spasio je znatan dio stanovništva od idiotizma seoskog života
Aber sie hat die Menschen auf dem Lande von den Städten abhängig gemacht
ali je učinila one na selu ovisnima o gradovima
Und ebenso hat sie die barbarischen Länder von den zivilisierten abhängig gemacht
Isto tako, učinila je barbarske zemlje ovisnima o civiliziranim
Bauernnationen gegen Völker der Bourgeoisie, Osten gegen Westen
nacije seljaka na narode buržoazije, istok na zapad
Die Bourgeoisie beseitigt den zerstreuten Zustand der Bevölkerung mehr und mehr
Buržoazija sve više uklanja raštrkano stanje stanovništva
Sie hat die Produktion agglomeriert und das Eigentum in wenigen Händen konzentriert
Ima aglomeriranu proizvodnju i koncentrirano vlasništvo u nekoliko ruku
Die notwendige Konsequenz daraus war eine politische Zentralisierung
Nužna posljedica toga bila je politička centralizacija
Es gab unabhängige Nationen und lose miteinander verbundene Provinzen
Postojale su neovisne nacije i labavo povezane provincije
Sie hatten getrennte Interessen, Gesetze, Regierungen und Steuersysteme

imali su odvojene interese, zakone, vlade i sustave oporezivanja

Aber sie sind zu einer Nation zusammengeschmolzen, mit einer Regierung

ali su se svrstali u jednu naciju, s jednom vladom

Sie haben jetzt ein nationales Klasseninteresse, eine Grenze und einen Zolltarif

sada imaju jedan nacionalni klasni interes, jednu granicu i jednu carinsku tarifu

Und dieses nationale Klasseninteresse ist unter einem Gesetzbuch vereinigt

a ovaj nacionalni klasni interes ujedinjen je pod jednim zakonom

die Bourgeoisie hat während ihrer knapp hundertjährigen Herrschaft viel erreicht

buržoazija je postigla mnogo tijekom svoje vladavine od jedva stotinu godina

massivere und kolossalere Produktivkräfte als alle vorhergehenden Generationen zusammen

masivnije i kolosalnije proizvodne snage nego što su to imale sve prethodne generacije zajedno

Die Kräfte der Natur sind dem Willen des Menschen und seiner Maschinerie unterworfen

Sile prirode podređene su volji čovjeka i njegove mašinerije

Die Chemie wird auf alle Industrieformen und Landwirtschaftsformen angewendet

Kemija se primjenjuje u svim oblicima industrije i vrstama poljoprivrede

Dampfschiffahrt, Eisenbahnen, elektrische Telegraphen und die Druckerpresse

parna plovidba, željeznice, električni telegrafi i tiskarski stroj

Rodung ganzer Kontinente für den Anbau, Kanalisierung von Flüssen

čišćenje cijelih kontinenata za obradu, kanalizacija rijeka

ganze Populationen wurden aus dem Boden gezaubert und an die Arbeit gebracht

cijele populacije su dočarane iz zemlje i stavljene na posao
**Welches frühere Jahrhundert hatte auch nur eine Ahnung
von dem, was entfesselt werden könnte?**
Koje je ranije stoljeće imalo čak i predosjećaj onoga što se može
osloboditi?
**Wer hat vorausgesagt, dass solche Produktivkräfte im Schoß
der gesellschaftlichen Arbeit schlummern?**
Tko je predvidio da takve proizvodne snage drijemaju u krilu
društvenog rada?
**Wir sehen also, daß die Produktions- und Tauschmittel in
der feudalen Gesellschaft erzeugt wurden**
Vidimo da su sredstva za proizvodnju i razmjenu nastala u
feudalnom društvu
**die Produktionsmittel, auf deren Grundlage sich die
Bourgeoisie aufbaute**
sredstva za proizvodnju na čijim se temeljima buržoazija
izgradila
**Auf einer bestimmten Stufe der Entwicklung dieser
Produktions- und Tauschmittel**
U određenoj fazi razvoja ovih sredstava proizvodnje i
razmjene
**die Bedingungen, unter denen die feudale Gesellschaft
produzierte und tauschte**
uvjeti pod kojima je feudalno društvo proizvodilo i
razmjenjivalo
**Die feudale Organisation der Landwirtschaft und des
verarbeitenden Gewerbes**
Feudalna organizacija poljoprivrede i prerađivačke industrije
**Die feudalen Eigentumsverhältnisse waren mit den
materiellen Verhältnissen nicht mehr vereinbar**
feudalni vlasnički odnosi više nisu bili kompatibilni s
materijalnim uvjetima
**Sie mussten gesprengt werden, also wurden sie
auseinandergesprengt**
Morali su se rasprsnuti, pa su ih rasprsnuli
An ihre Stelle trat die freie Konkurrenz der Produktivkräfte

Na njihovo mjesto zakoračila je slobodna konkurencija proizvodnih snaga

Und sie wurden von einer ihr angepassten sozialen und politischen Verfassung begleitet

i bili su popraćeni društvenim i političkim ustavom prilagođenim njemu

und sie wurde begleitet von der ökonomischen und politischen Herrschaft der Bourgeoisie Klasse

i bio je popraćen ekonomskim i političkim utjecajem buržoaske klase

Eine ähnliche Bewegung vollzieht sich vor unseren eigenen Augen

Sličan pokret odvija se pred našim očima

Die moderne Bourgeoisie Gesellschaft mit ihren Produktions-, Tausch- und Eigentumsverhältnissen

Moderno buržoasko društvo sa svojim odnosima proizvodnje, razmjene i vlasništva

eine Gesellschaft, die so gigantische Produktions- und Tauschmittel heraufbeschworen hat

društvo koje je dočaralo takva gigantska sredstva proizvodnje i razmjene

Es ist wie der Zauberer, der die Mächte der Unterwelt heraufbeschworen hat

To je poput čarobnjaka koji je prizvao moći donjeg svijeta

Aber er ist nicht mehr in der Lage, zu kontrollieren, was er in die Welt gebracht hat

Ali on više nije u stanju kontrolirati ono što je donio na svijet

Viele Jahrzehnte lang war die vergangene Geschichte durch einen roten Faden miteinander verbunden

Mnogo desetljeća prošla povijest je bila povezana zajedničkom niti

Die Geschichte der Industrie und des Handels ist nichts anderes als die Geschichte der Revolten

Povijest industrije i trgovine bila je samo povijest pobuna

die Revolten der modernen Produktivkräfte gegen die modernen Produktionsbedingungen

pobune modernih proizvodnih snaga protiv modernih uvjeta proizvodnje
die Revolten der modernen Produktivkräfte gegen die Eigentumsverhältnisse
pobune modernih proizvodnih snaga protiv vlasničkih odnosa
diese Eigentumsverhältnisse sind die Bedingungen für die Existenz der Bourgeoisie
ti imovinski odnosi su uvjeti za postojanje buržoazije
und die Existenz der Bourgeoisie bestimmt die Regeln der Eigentumsverhältnisse
a postojanje buržoazije određuje pravila za imovinske odnose
Es genügt, die periodische Wiederkehr von Handelskrisen zu erwähnen
Dovoljno je spomenuti povremeni povratak komercijalnih kriza
jede Handelskrise ist für die Bourgeoisie Gesellschaft bedrohlicher als die letzte
svaka komercijalna kriza više prijeti buržoaskom društvu od prethodne
In diesen Krisen wird ein großer Teil der bestehenden Produkte vernichtet
U tim krizama veliki dio postojećih proizvoda se uništava
Diese Krisen zerstören aber auch die zuvor geschaffenen Produktivkräfte
Ali ove krize također uništavaju prethodno stvorene proizvodne snage
In allen früheren Epochen wären diese Epidemien als Absurdität erschienen
U svim ranijim epohama ove bi se epidemije činile apsurdom
denn diese Epidemien sind die kommerziellen Krisen der Überproduktion
jer su ove epidemije komercijalne krize prekomjerne proizvodnje
Die Gesellschaft befindet sich plötzlich wieder in einem Zustand der momentanen Barbarei
Društvo se odjednom vraća u stanje trenutnog barbarizma

als ob ein allgemeiner Verwüstungskrieg jede Möglichkeit des Lebensunterhalts abgeschnitten hätte
kao da je sveopći rat razaranja odsjekao sva sredstva za život
Industrie und Handel scheinen zerstört worden zu sein; Und warum?
čini se da su industrija i trgovina uništeni; I zašto?
Weil es zu viel Zivilisation und Subsistenzmittel gibt
Zato što ima previše civilizacije i sredstava za život
Und weil es zu viel Industrie und zu viel Handel gibt
i zato što ima previše industrije i previše trgovine
Die Produktivkräfte, die der Gesellschaft zur Verfügung stehen, entwickeln nicht mehr das Bourgeoisie Eigentum
Proizvodne snage koje su na raspolaganju društvu više ne razvijaju buržoasku imovinu
im Gegenteil, sie sind zu mächtig geworden für diese Verhältnisse, durch die sie gefesselt sind
naprotiv, postali su previše moćni za ove uvjete, kojima su sputani
sobald sie diese Fesseln überwunden haben, bringen sie Unordnung in die ganze Bourgeoisie Gesellschaft
čim prevladaju te okove, unose nered u cijelo buržoasko društvo
und die Produktivkräfte gefährden die Existenz des Bourgeoisie Eigentums
a proizvodne snage ugrožavaju postojanje buržoaskog vlasništva
Die Bedingungen der Bourgeoisie Gesellschaft sind zu eng, um den von ihnen geschaffenen Reichtum zu erfassen
Uvjeti buržoaskog društva su preuski da bi obuhvatili bogatstvo koje su stvorili
Und wie überwindet die Bourgeoisie diese Krisen?
I kako buržoazija prebrodi ove krize?
Einerseits überwindet sie diese Krisen durch die erzwungene Vernichtung einer Masse von Produktivkräften
S jedne strane, te krize prevladava prisilnim uništavanjem mase proizvodnih snaga

Andererseits überwindet sie diese Krisen durch die Eroberung neuer Märkte

s druge strane, te krize prevladava osvajanjem novih tržišta

Und sie überwindet diese Krisen durch die gründlichere Ausbeutung der alten Produktivkräfte

i prevladava te krize temeljitijom eksploatacijom starih proizvodnih snaga

Das heißt, indem sie den Weg für umfangreichere und zerstörerischere Krisen ebnen

Odnosno, utirući put opsežnijim i destruktivnijim krizama

Sie überwindet die Krise, indem sie die Mittel zur Krisenprävention einschränkt

ona prevladava krizu smanjenjem sredstava za sprečavanje kriza

Die Waffen, mit denen die Bourgeoisie den Feudalismus zu Fall brachte, sind jetzt gegen sich selbst gerichtet

Oružje kojim je buržoazija srušila feudalizam na zemlju sada je okrenuto protiv nje same

Aber die Bourgeoisie hat nicht nur die Waffen geschmiedet, die sich selbst den Tod bringen

Ali ne samo da je buržoazija iskovala oružje koje sebi donosi smrt

Sie hat auch die Männer ins Leben gerufen, die diese Waffen führen sollen

također je pozvao u postojanje ljude koji će rukovati tim oružjem

Und diese Männer sind die moderne Arbeiterklasse; Sie sind die Proletarier

a ti su ljudi moderna radnička klasa; oni su proleteri

In dem Maße, wie die Bourgeoisie entwickelt ist, entwickelt sich auch das Proletariat

U onoj mjeri u kojoj se razvija buržoazija, u istom omjeru razvija se i proletarijat

Die moderne Arbeiterklasse entwickelte eine Klasse von Arbeitern

moderna radnička klasa razvila je klasu radnika

Diese Klasse von Arbeitern lebt nur so lange, wie sie Arbeit findet

Ova klasa radnika živi samo dok nađu posao

Und sie finden nur so lange Arbeit, wie ihre Arbeit das Kapital vermehrt

i oni nalaze posao samo dok njihov rad povećava kapital

Diese Arbeiter, die sich stückweise verkaufen müssen, sind eine Ware

Ti radnici, koji se moraju prodavati po komadima, roba su roba

Diese Arbeiter sind wie jeder andere Handelsartikel

Ovi radnici su kao i svaki drugi trgovački artikl

und sie sind folglich allen Wechselfällen des Wettbewerbs ausgesetzt

i posljedično su izloženi svim promjenama konkurencije

Sie müssen alle Schwankungen des Marktes überstehen

moraju prebroditi sve fluktuacije na tržištu

Aufgrund des umfangreichen Maschineneinsatzes und der Arbeitsteilung

Zahvaljujući širokoj upotrebi strojeva i podjeli rada

Die Arbeit der Proletarier hat jeden individuellen Charakter verloren

rad proletera izgubio je sav individualni karakter

Und folglich hat die Arbeit der Proletarier für den Arbeiter jeden Reiz verloren

i posljedično, rad proletera izgubio je sav šarm za radnika

Er wird zu einem Anhängsel der Maschine und nicht mehr zu dem Mann, der er einmal war

On postaje privjesak stroja, a ne čovjek kakav je nekoć bio

Nur das einfachste, eintönigste und am leichtesten zu erwerbende Geschick wird von ihm verlangt

od njega se traži samo najjednostavniji, monotoni i najlakše stečen talent

Daher sind die Produktionskosten eines Arbeiters begrenzt

Stoga su troškovi proizvodnje radnika ograničeni

sie beschränkt sich fast ausschließlich auf die Mittel zur
Bestreitung des Lebensunterhalts, die er zu seinem
Unterhalt benötigt

ona je gotovo u potpunosti ograničena na sredstva za život
koja su mu potrebna za uzdržavanje

und sie beschränkt sich auf die Subsistenzmittel, die er zur
Fortpflanzung seiner Rasse benötigt

i ograničen je na sredstva za život koja su mu potrebna za
razmnožavanje svoje rase

Aber der Preis einer Ware, also auch der Arbeit, ist gleich
ihren Produktionskosten

Ali cijena robe, a time i rada, jednaka je njezinim troškovima
proizvodnje

In dem Maße also, wie die Widerwärtigkeit der Arbeit
zunimmt, sinkt der Lohn

Proporcionalno, dakle, kako se odbojnost rada povećava, plaća
se smanjuje

Ja, die Widerwärtigkeit seiner Arbeit nimmt sogar noch
mehr zu

Ne, odbojnost njegova djela raste još većom brzinom

In dem Maße, wie der Einsatz von Maschinen und die
Arbeitsteilung zunehmen, steigt auch die Last der Arbeit

Kako se povećava upotreba strojeva i podjela rada, tako raste i
teret truda

Die Arbeitsbelastung wird durch die Verlängerung der
Arbeitszeit erhöht

teret rada povećava se produljenjem radnog vremena

Dem Arbeiter wird in der gleichen Zeit mehr zugemutet als
zuvor

više se očekuje od radnika u isto vrijeme kao i prije

Und natürlich wird die Last der Arbeit durch die
Geschwindigkeit der Maschinerie erhöht

i naravno, teret truda povećava se brzinom strojeva

Die moderne Industrie hat die kleine Werkstatt des
patriarchalischen Meisters in die große Fabrik des
industriellen Kapitalisten verwandelt

Moderna industrija pretvorila je malu radionicu patrijarhalnog
gospodara u veliku tvornicu industrijskog kapitalista
**Massen von Arbeitern, die in die Fabrik gedrängt sind, sind
wie Soldaten organisiert**
Mase radnika, nagurane u tvornicu, organizirane su poput
vojnika
**Als Gefreite der Industriearmee stehen sie unter dem
Kommando einer vollkommenen Hierarchie von Offizieren
und Unteroffizieren**
Kao redovi industrijske vojske stavljeni su pod zapovjedništvo
savršene hijerarhije časnika i narednika
**sie sind nicht nur die Sklaven der Bourgeoisie und des
Staates**
oni nisu samo robovi buržoaske klase i države
**Aber sie werden auch täglich und stündlich von der
Maschine versklavt**
ali oni su također svakodnevno i satno porobljeni strojem
**sie sind Sklaven des Aufsehers und vor allem des einzelnen
Bourgeoisie Fabrikanten selbst**
oni su porobljeni od strane promatrača, i, iznad svega, od
samog pojedinog buržoaskog proizvođača
**Je offener dieser Despotismus den Gewinn als seinen Zweck
und sein Ziel proklamiert, desto kleinlicher, verhaßter und
verbitterender ist er**
Što otvorenije ovaj despotizam proglašava dobitak svojim
ciljem i ciljem, to je sitniji, mrskiji i ogorčeniji
**Je mehr sich die moderne Industrie entwickelt, desto
geringer sind die Unterschiede zwischen den Geschlechtern**
Što se modernija industrija razvija, to su manje razlike među
spolovima
**Je geringer die Geschicklichkeit und Kraftanstrengung der
Handarbeit ist, desto mehr wird die Arbeit der Männer von
der der Frauen verdrängt**
Što je manje vještina i napor snage implicirani u fizičkom
radu, to je više rad muškaraca zamijenjen radom žena

- 25 -

**Alters- und Geschlechtsunterschiede haben für die
Arbeiterklasse keine besondere gesellschaftliche Gültigkeit
mehr**
Razlike u dobi i spolu više nemaju nikakvu prepoznatljivu
društvenu vrijednost za radničku klasu
**Alle sind Arbeitsinstrumente, die je nach Alter und
Geschlecht mehr oder weniger teuer zu gebrauchen sind**
Svi su to instrumenti rada, više ili jeftiniji za korištenje, ovisno
o njihovoj dobi i spolu
**sobald der Arbeiter seinen Lohn in bar erhält, wird er von
den übrigen Teilen der Bourgeoisie angegriffen**
čim radnik primi svoju plaću u gotovini, tada ga nailaze drugi
dijelovi buržoazije
der Vermieter, der Ladenbesitzer, der Pfandleiher usw
stanodavac, trgovac, zalagaonica itd
**Die unteren Schichten der Mittelschicht; die kleinen
Handwerker und Ladenbesitzer**
Niži slojevi srednje klase; mali obrtnici i trgovci
**die pensionierten Gewerbetreibenden überhaupt, die
Handwerker und Bauern**
umirovljeni obrtnici općenito, te zanatlije i seljaci
all dies sinkt allmählich in das Proletariat ein
sve to postupno tone u proletarijat
**theils deshalb, weil ihr winziges Kapital nicht ausreicht für
den Maßstab, in dem die moderne Industrie betrieben wird**
dijelom zato što njihov mali kapital nije dovoljan za razmjere u
kojima se odvija moderna industrija
**und weil sie in der Konkurrenz mit den Großkapitalisten
überschwemmt wird**
i zato što je preplavljena konkurencijom s velikim
kapitalistima
**zum Teil deshalb, weil ihr spezialisiertes Können durch die
neuen Produktionsmethoden wertlos wird**
dijelom zato što je njihova specijalizirana vještina postala
bezvrijedna novim metodama proizvodnje

So rekrutiert sich das Proletariat aus allen Klassen der Bevölkerung
Tako se proletarijat regrutira iz svih slojeva stanovništva
Das Proletariat durchläuft verschiedene Entwicklungsstufen
Proletarijat prolazi kroz različite faze razvoja
Mit ihrer Geburt beginnt der Kampf mit der Bourgeoisie
Njegovim rođenjem započinje borba s buržoazijom
Zuerst wird der Kampf von einzelnen Arbeitern geführt
U početku natjecanje vode pojedinačni radnici
Dann wird der Kampf von den Arbeitern einer Fabrik ausgetragen
tada natjecanje vode radnici tvornice
Dann wird der Kampf von den Arbeitern eines Gewerbes an einem Ort ausgetragen
tada natjecanje vode operativci jedne trgovine, na jednom mjestu
und der Kampf richtet sich dann gegen die einzelne Bourgeoisie, die sie direkt ausbeutet
a natjecanje je tada protiv individualne buržoazije koja ih izravno iskorištava
Sie richten ihre Angriffe nicht gegen die Bourgeoisie Produktionsbedingungen
Oni usmjeravaju svoje napade ne protiv buržoaskih uvjeta proizvodnje
aber sie richten ihren Angriff gegen die Produktionsmittel selbst
ali oni usmjeravaju svoj napad na same instrumente proizvodnje
Sie vernichten importierte Waren, die mit ihrer Arbeitskraft konkurrieren
uništavaju uvezenu robu koja se natječe s njihovim radom
Sie zertrümmern Maschinen und setzen Fabriken in Brand
razbijaju strojeve na komade i pale tvornice
sie versuchen, den verschwundenen Status des Arbeiters des Mittelalters mit Gewalt wiederherzustellen
oni nastoje silom vratiti nestali status radnika srednjeg vijeka

In diesem Stadium bilden die Arbeiter noch eine unzusammenhängende Masse, die über das ganze Land verstreut ist

U ovoj fazi radnici još uvijek čine nekoherentnu masu raštrkanu po cijeloj zemlji

und sie werden durch ihre gegenseitige Konkurrenz zerrissen

i razbija ih međusobna konkurencija

Wenn sie sich irgendwo zu kompakteren Körpern vereinigen, so ist dies noch nicht die Folge ihrer eigenen aktiven Vereinigung

Ako se bilo gdje ujedine u kompaktnija tijela, to još nije posljedica njihovog vlastitog aktivnog sjedinjenja

aber es ist eine Folge der Vereinigung der Bourgeoisie, ihre eigenen politischen Ziele zu erreichen

ali to je posljedica ujedinjenja buržoazije, da postigne svoje vlastite političke ciljeve

die Bourgeoisie ist gezwungen, das ganze Proletariat in Bewegung zu setzen

buržoazija je prisiljena pokrenuti cijeli proletarijat

und überdies ist die Bourgeoisie eine Zeitlang dazu in der Lage

i štoviše, buržoazija je za neko vrijeme u stanju to učiniti

In diesem Stadium kämpfen die Proletarier also nicht gegen ihre Feinde

U ovoj fazi, dakle, proleteri se ne bore protiv svojih neprijatelja

Stattdessen kämpfen sie gegen die Feinde ihrer Feinde

već se umjesto toga bore protiv neprijatelja svojih neprijatelja

Der Kampf gegen die Überreste der absoluten Monarchie und die Großgrundbesitzer

Borba protiv ostataka apsolutne monarhije i zemljoposjednika

sie bekämpfen die nicht-industrielle Bourgeoisie; das Kleiliche Bourgeoisie

oni se bore protiv neindustrijske buržoazije; sitna buržoazija

So ist die ganze historische Bewegung in den Händen der Bourgeoisie konzentriert

Tako je cijeli povijesni pokret koncentriran u rukama buržoazije
jeder so errungene Sieg ist ein Sieg der Bourgeoisie
svaka tako postignuta pobjeda je pobjeda buržoazije
Aber mit der Entwicklung der Industrie wächst nicht nur die Zahl des Proletariats
Ali s razvojem industrije, proletarijat ne samo da raste u broju
das Proletariat konzentriert sich in größeren Massen und seine Kraft wächst
Proletarijat se koncentrira u većim masama i njegova snaga raste
und das Proletariat spürt diese Kraft mehr und mehr
a proletarijat sve više i više osjeća tu snagu
Die verschiedenen Interessen und Lebensbedingungen in den Reihen des Proletariats gleichen sich mehr und mehr an
Različiti interesi i uvjeti života u redovima proletarijata sve su više i više izjednačeni
sie werden in dem Maße größer, wie die Maschinerie alle Unterschiede der Arbeit verwischt
one postaju sve proporcionalnije kako strojevi brišu sve razlike u radu
Und die Maschinen senken fast überall die Löhne auf das gleiche niedrige Niveau
a strojevi gotovo svugdje smanjuju plaće na istu nisku razinu
Die wachsende Konkurrenz der Bourgeoisie und die daraus resultierenden Handelskrisen lassen die Löhne der Arbeiter immer schwankender
Rastuća konkurencija među buržoazijom i posljedična trgovinska kriza čine plaće radnika sve fluktuirajućim
Die unaufhörliche Verbesserung der sich immer schneller entwickelnden Maschinen macht ihren Lebensunterhalt immer prekärer
Neprekidno poboljšanje strojeva, koji se sve brže razvijaju, čini njihov život sve nesigurnijim i nesigurnijim

die Kollisionen zwischen einzelnen Arbeitern und einzelnen Bourgeoisien nehmen immer mehr den Charakter von Zusammenstößen zwischen zwei Klassen an

sudari između pojedinačnih radnika i individualne buržoazije sve više poprimaju karakter sudara između dviju klasa

Darauf beginnen die Arbeiter, sich gegen die Bourgeoisie zu verbünden (Gewerkschaften)

Nakon toga radnici počinju formirati udruživanja (sindikate) protiv buržoazije

Sie schließen sich zusammen, um die Löhne hoch zu halten

udružuju se kako bi održali stopu plaća

sie gründeten ständige Vereinigungen, um für diese gelegentlichen Revolten im voraus Vorsorge zu treffen

Pronašli su trajne udruge kako bi se unaprijed pobrinuli za ove povremene pobune

Hier und da bricht der Wettkampf in Ausschreitungen aus

Tu i tamo natjecanje izbija u nerede

Hin und wieder siegen die Arbeiter, aber nur für eine gewisse Zeit

S vremena na vrijeme radnici pobjeđuju, ali samo na neko vrijeme

Die wirkliche Frucht ihrer Kämpfe liegt nicht in den unmittelbaren Ergebnissen, sondern in der immer größer werdenden Vereinigung der Arbeiter

Pravi plod njihovih borbi ne leži u neposrednom ishodu, već u sve većem sindikatu radnika

Diese Vereinigung wird durch die verbesserten Kommunikationsmittel unterstützt, die von der modernen Industrie geschaffen werden

Ovom sindikatu pomažu poboljšana sredstva komunikacije koja stvara moderna industrija

Die moderne Kommunikation bringt die Arbeiter verschiedener Orte miteinander in Kontakt

suvremena komunikacija dovodi radnike s različitih lokaliteta u međusobni kontakt

Es war gerade dieser Kontakt, der nötig war, um die zahlreichen lokalen Kämpfe zu einem nationalen Kampf zwischen den Klassen zu zentralisieren

Upravo je taj kontakt bio potreban da se brojne lokalne borbe centraliziraju u jednu nacionalnu borbu između klasa

Alle diese Kämpfe haben den gleichen Charakter, und jeder Klassenkampf ist ein politischer Kampf

Sve ove borbe su istog karaktera, a svaka klasna borba je politička borba

die Bürger des Mittelalters mit ihren elenden Landstraßen brauchten Jahrhunderte, um ihre Vereinigungen zu bilden

građanima srednjeg vijeka, sa svojim bijednim autocestama, bila su potrebna stoljeća da formiraju svoje sindikate

Die modernen Proletarier erreichen dank der Eisenbahn ihre Gewerkschaften innerhalb weniger Jahre

Moderni proleteri, zahvaljujući željeznici, postižu svoje sindikate u roku od nekoliko godina

Diese Organisation der Proletarier zu einer Klasse formte sie folglich zu einer politischen Partei

Ova organizacija proletarijata u klasu ih je posljedično formirala u političku stranku

Die politische Klasse wird immer wieder durch die Konkurrenz zwischen den Arbeitern selbst verärgert

Politička klasa je neprestano ponovno uznemirena konkurencijom između samih radnika

Aber die politische Klasse erhebt sich weiter, stärker, fester, mächtiger

Ali politička klasa nastavlja se ponovno dizati, jača, čvršća, moćnija

Er zwingt zur gesetzgeberischen Anerkennung der besonderen Interessen der Arbeitnehmer

Njome se prisiljava na zakonodavno priznavanje posebnih interesa radnika

sie tut dies, indem sie sich die Spaltungen innerhalb der Bourgeoisie selbst zunutze macht

to čini iskorištavajući podjele među samom buržoazijom

Damit wurde das Zehnstundengesetz in England in Kraft gesetzt

Tako je zakon o desetosatnom radu u Engleskoj stavljen u zakon

in vielerlei Hinsicht ist der Zusammenstoß zwischen den Klassen der alten Gesellschaft ferner der Entwicklungsgang des Proletariats

na mnogo načina sudari između klasa starog društva dalje su tijek razvoja proletarijata

Die Bourgeoisie befindet sich in einem ständigen Kampf

Buržoazija se nalazi u stalnoj borbi

Zuerst wird sie sich in einem ständigen Kampf mit der Aristokratie wiederfinden

U početku će se naći u stalnoj borbi s aristokracijom

später wird sie sich in einem ständigen Kampf mit diesen Teilen der Bourgeoisie selbst wiederfinden

kasnije će se naći u stalnoj borbi s onim dijelovima same buržoazije

und ihre Interessen werden dem Fortschritt der Industrie entgegengesetzt sein

i njihovi će interesi postati antagonistički prema napretku industrije

zu allen Zeiten werden ihre Interessen mit der Bourgeoisie fremder Länder in Konflikt geraten sein

u svakom trenutku, njihovi interesi će postati antagonistički prema buržoaziji stranih zemalja

In allen diesen Kämpfen sieht sie sich genötigt, an das Proletariat zu appellieren, und bittet es um Hilfe

U svim tim bitkama ona se osjeća primoranom apelirati na proletarijat i traži njegovu pomoć

Und so wird sie sich gezwungen sehen, sie in die politische Arena zu zerren

i stoga će se osjećati prisiljenim uvući ga u političku arenu

Die Bourgeoisie selbst versorgt also das Proletariat mit ihren eigenen Instrumenten der politischen und allgemeinen Erziehung

Sama buržoazija, dakle, opskrbljuje proletarijat vlastitim instrumentima političkog i općeg obrazovanja
mit anderen Worten, sie liefert dem Proletariat Waffen für den Kampf gegen die Bourgeoisie
drugim riječima, ona opskrbljuje proletarijat oružjem za borbu protiv buržoazije
Ferner werden, wie wir schon gesehen haben, ganze Schichten der herrschenden Klassen in das Proletariat hineingestürzt
Nadalje, kao što smo već vidjeli, čitavi dijelovi vladajućih klasa strmoglavljeni su u proletarijat
der Fortschritt der Industrie saugt sie in das Proletariat hinein
napredak industrije ih usisava u proletarijat
oder zumindest sind sie in ihren Existenzbedingungen bedroht
ili su, barem, ugroženi u svojim uvjetima postojanja
Diese versorgen auch das Proletariat mit frischen Elementen der Aufklärung und des Fortschritts
Oni također opskrbljuju proletarijat svježim elementima prosvjetljenja i napretka
Endlich, in Zeiten, in denen sich der Klassenkampf der entscheidenden Stunde nähert
Konačno, u vremenima kada se klasna borba približava odlučujućem času
Der Auflösungsprozess innerhalb der herrschenden Klasse
proces raspada koji se odvija unutar vladajuće klase
In der Tat wird die Auflösung, die sich innerhalb der herrschenden Klasse vollzieht, in der gesamten Bandbreite der Gesellschaft zu spüren sein
zapravo, raspad koji se događa unutar vladajuće klase osjetit će se u cijelom nizu društva
Sie wird einen so gewalttätigen, krassen Charakter annehmen, dass ein kleiner Teil der herrschenden Klasse sich selbst abtreibt

poprimit će tako nasilan, upadljiv karakter, da će se mali dio vladajuće klase odrezati

Und diese herrschende Klasse wird sich der revolutionären Klasse anschließen

i da će se vladajuća klasa pridružiti revolucionarnoj klasi

Die revolutionäre Klasse ist die Klasse, die die Zukunft in ihren Händen hält

revolucionarna klasa je klasa koja drži budućnost u svojim rukama

Wie in früheren Zeiten ging ein Teil des Adels zur Bourgeoisie über

Baš kao i u ranijem razdoblju, dio plemstva prešao je u buržoaziju

ebenso wird ein Teil der Bourgeoisie zum Proletariat übergehen

na isti način će dio buržoazije prijeći na proletarijat

insbesondere wird ein Teil der Bourgeoisie zu einem Teil der Bourgeoisie Ideologen übergehen

konkretno, dio buržoazije će prijeći na dio buržoaskih ideologa

Bourgeoisie Ideologen, die sich auf die Ebene erhoben haben, die historische Bewegung als Ganzes theoretisch zu begreifen

Buržoaski ideolozi koji su se uzdigli na razinu teoretskog razumijevanja povijesnog pokreta u cjelini

Von allen Klassen, die heute der Bourgeoisie gegenüberstehen, ist das Proletariat allein eine wirklich revolutionäre Klasse

Od svih klasa koje danas stoje licem u lice s buržoazijom, samo je proletarijat stvarno revolucionarna klasa

Die anderen Klassen zerfallen und verschwinden schließlich im Angesicht der modernen Industrie

Ostale klase propadaju i konačno nestaju pred modernom industrijom

das Proletariat ist ihr besonderes und wesentliches Produkt

Proletarijat je njegov poseban i bitan proizvod

Die untere Mittelschicht, der kleine Fabrikant, der Ladenbesitzer, der Handwerker, der Bauer
Niža srednja klasa, mali proizvođač, trgovac, obrtnik, seljak
all diese Kämpfe gegen die Bourgeoisie
sve se to bori protiv buržoazije
Sie kämpfen als Fraktionen der Mittelschicht, um sich vor dem Aussterben zu retten
Oni se bore kao frakcije srednje klase kako bi se spasili od izumiranja
Sie sind also nicht revolutionär, sondern konservativ
Stoga nisu revolucionarni, već konzervativni
Ja, mehr noch, sie sind reaktionär, denn sie versuchen, das Rad der Geschichte zurückzudrehen
Štoviše, oni su reakcionarni, jer pokušavaju vratiti kotač povijesti
Wenn sie zufällig revolutionär sind, so sind sie es nur im Hinblick auf ihre bevorstehende Überführung in das Proletariat
Ako su slučajno revolucionarni, to su samo s obzirom na njihov predstojeći prelazak u proletarijat
Sie verteidigen also nicht ihre gegenwärtigen, sondern ihre zukünftigen Interessen
na taj način ne brane svoje sadašnje, već buduće interese
sie verlassen ihren eigenen Standpunkt, um sich auf den des Proletariats zu stellen
oni napuštaju svoje stajalište kako bi se postavili na stajalište proletarijata
Die »gefährliche Klasse«, der soziale Abschaum, diese passiv verrottende Masse, die von den untersten Schichten der alten Gesellschaft abgeworfen wird
"Opasna klasa", društveni ološ, ta pasivno trula masa koju su odbacili najniži slojevi starog društva
sie können hier und da von einer proletarischen Revolution in die Bewegung hineingerissen werden
oni mogu, tu i tamo, biti uvučeni u pokret proleterskom revolucijom

Seine Lebensbedingungen bereiten ihn jedoch viel mehr auf
die Rolle eines bestochenen Werkzeugs reaktionärer
Intrigen vor
Njegovi životni uvjeti, međutim, daleko ga više pripremaju za
dio podmićenog oruđa reakcionarnih spletki
In den Verhältnissen des Proletariats sind die Verhältnisse
der alten Gesellschaft im Allgemeinen bereits praktisch
überschwemmt
U uvjetima proletarijata, oni starog društva u cjelini već su
praktički preplavljeni
Der Proletarier ist ohne Eigentum
Proleter je bez imovine
sein Verhältnis zu Frau und Kindern hat mit den
Familienverhältnissen der Bourgeoisie nichts mehr gemein
njegov odnos sa ženom i djecom više nema ništa zajedničko s
obiteljskim odnosima buržoazije
moderne industrielle Arbeit, moderne Unterwerfung unter
das Kapital, dasselbe in England wie in Frankreich, in
Amerika wie in Deutschland
moderni industrijski rad, moderna podložnost kapitalu, isto u
Engleskoj kao i u Francuskoj, u Americi kao i u Njemačkoj
Seine Stellung in der Gesellschaft hat ihm jede Spur von
nationalem Charakter genommen
njegovo stanje u društvu oduzelo mu je svaki trag nacionalnog
karaktera
Gesetz, Moral, Religion sind für ihn so viele Bourgeoisie
Vorurteile
Zakon, moral, religija, za njega su toliko buržoaskih
predrasuda
und hinter diesen Vorurteilen lauern ebenso viele
Bourgeoisie Interessen
a iza tih predrasuda vrebaju u zasjedi jednako kao i mnogi
buržoaski interesi
Alle vorhergehenden Klassen, die die Oberhand gewannen,
versuchten, ihren bereits erworbenen Status zu festigen

Sve prethodne klase koje su dobile prednost, nastojale su učvrstiti svoj već stečeni status

Sie taten dies, indem sie die Gesellschaft als Ganzes ihren Aneignungsbedingungen unterwarfen

To su učinili podvrgavajući društvo u cjelini svojim uvjetima prisvajanja

Die Proletarier können nicht Herren der Produktivkräfte der Gesellschaft werden

Proleteri ne mogu postati gospodari proizvodnih snaga društva

Sie kann dies nur tun, indem sie ihre eigene bisherige Aneignungsweise abschafft

to može učiniti samo ukidanjem vlastitog prethodnog načina prisvajanja

Und damit hebt sie auch jede andere bisherige Aneignungsweise auf

i time također ukida svaki drugi prethodni način prisvajanja

Sie haben nichts Eigenes zu sichern und zu festigen

Oni nemaju ništa svoje za osigurati i učvrstiti

Ihre Aufgabe ist es, alle bisherigen Sicherheiten und Versicherungen für individuelles Eigentum zu vernichten

njihova je misija uništiti sve prethodne vrijednosne papire i osiguranja pojedinačne imovine

Alle bisherigen historischen Bewegungen waren Bewegungen von Minderheiten

Svi prethodni povijesni pokreti bili su pokreti manjina

oder es handelte sich um Bewegungen im Interesse von Minderheiten

ili su to bili pokreti u interesu manjina

Die proletarische Bewegung ist die selbstbewusste, selbständige Bewegung der ungeheuren Mehrheit

Proleterski pokret je samosvjestan, neovisan pokret ogromne većine

Und es ist eine Bewegung im Interesse der großen Mehrheit

i to je pokret u interesu ogromne većine

Das Proletariat, die unterste Schicht unserer heutigen Gesellschaft

Proletarijat, najniži sloj našeg sadašnjeg društva

Sie kann sich nicht regen oder erheben, ohne daß die ganze übergeordnete Schicht der offiziellen Gesellschaft in die Luft geschleudert wird

ne može se uzburkati ili podići bez da se cijeli nadmoćni slojevi službenog društva podignu u zrak

Der Kampf des Proletariats mit der Bourgeoisie ist, wenn auch nicht der Substanz nach, doch zunächst ein nationaler Kampf

Iako ne u suštini, ali u formi, borba proletarijata s buržoazijom isprva je nacionalna borba

Das Proletariat eines jeden Landes muss natürlich vor allem mit seiner eigenen Bourgeoisie abrechnen

Proletarijat svake zemlje mora, naravno, prije svega riješiti stvari sa svojom buržoazijom

Indem wir die allgemeinsten Phasen der Entwicklung des Proletariats schilderten, verfolgten wir den mehr oder weniger verhüllten Bürgerkrieg

U prikazu najopćenitijih faza razvoja proletarijata, pratili smo manje ili više prikriveni građanski rat

Diese Zivilgesellschaft wütet in der bestehenden Gesellschaft

Ovaj građanski bjesni unutar postojećeg društva

Er wird bis zu dem Punkt wüten, an dem dieser Krieg in eine offene Revolution ausbricht

bjesnit će do točke u kojoj će taj rat izbiti u otvorenu revoluciju

und dann legt der gewaltsame Sturz der Bourgeoisie die Grundlage für die Herrschaft des Proletariats

a onda nasilno svrgavanje buržoazije postavlja temelje za vlast proletarijata

Bisher beruhte jede Gesellschaftsform, wie wir bereits gesehen haben, auf dem Antagonismus unterdrückender und unterdrückter Klassen

Do sada se svaki oblik društva temeljio, kao što smo već vidjeli, na antagonizmu ugnjetavajućih i potlačenih klasa

Um aber eine Klasse zu unterdrücken, müssen ihr gewisse Bedingungen zugesichert werden

Ali da bi se klasa ugnjetavala, moraju joj se osigurati određeni uvjeti

Die Klasse muss unter Bedingungen gehalten werden, unter denen sie wenigstens ihre sklavische Existenz fortsetzen kann

klasa se mora držati u uvjetima u kojima može, barem, nastaviti svoje ropsko postojanje

Der Leibeigene erhob sich in der Zeit der Leibeigenschaft zum Mitglied der Kommune

Kmet se u razdoblju kmetstva uzdigao u članstvo u komuni

so wie es dem Kleinbourgeoisie unter dem Joch des feudalen Absolutismus gelang, sich zur Bourgeoisie zu entwickeln

baš kao što se sitna buržoazija, pod jarmom feudalnog apsolutizma, uspjela razviti u buržoaziju

Der moderne Arbeiter dagegen sinkt, anstatt sich mit dem Fortschritt der Industrie zu erheben, immer tiefer

Moderni radnik, naprotiv, umjesto da se uzdiže s napretkom industrije, tone sve dublje i dublje

Er sinkt unter die Existenzbedingungen seiner eigenen Klasse

on tone ispod uvjeta postojanja vlastite klase

Er wird ein Bettler, und der Pauperismus entwickelt sich schneller als Bevölkerung und Reichtum

On postaje siromah, a siromaštvo se razvija brže od stanovništva i bogatstva

Und hier zeigt sich, dass die Bourgeoisie nicht mehr geeignet ist, die herrschende Klasse in der Gesellschaft zu sein

I tu postaje očito da buržoazija više nije sposobna biti vladajuća klasa u društvu

und sie ist ungeeignet, der Gesellschaft ihre Existenzbedingungen als übergeordnetes Gesetz aufzuzwingen

i neprikladno je nametati svoje uvjete postojanja društvu kao prevladavajući zakon

Sie ist unfähig zu herrschen, weil sie unfähig ist, ihrem Sklaven in seiner Sklaverei eine Existenz zu sichern

Nesposoban je vladati jer je nesposoban osigurati egzistenciju svom robu u njegovom ropstvu

denn sie kann nicht anders, als ihn in einen solchen Zustand sinken zu lassen, daß sie ihn ernähren muss, statt von ihm gefüttert zu werden

jer ne može a da ga ne pusti da potone u takvo stanje, da ga mora hraniti, umjesto da ga on hrani

Die Gesellschaft kann nicht länger unter dieser Bourgeoisie leben

Društvo više ne može živjeti pod ovom buržoazijom

Mit anderen Worten, ihre Existenz ist nicht mehr mit der Gesellschaft vereinbar

drugim riječima, njegovo postojanje više nije kompatibilno s društvom

Die wesentliche Bedingung für die Existenz und die Herrschaft der Bourgeoisie Klasse ist die Bildung und Vermehrung des Kapitals

Osnovni uvjet za postojanje i utjecaj buržoaske klase je formiranje i povećanje kapitala

Die Bedingung für das Kapital ist Lohnarbeit

uvjet za kapital je najamni rad

Die Lohnarbeit beruht ausschließlich auf der Konkurrenz zwischen den Arbeitern

Najamni rad počiva isključivo na konkurenciji između radnika

Der Fortschritt der Industrie, deren unfreiwilliger Förderer die Bourgeoisie ist, tritt an die Stelle der Isolierung der Arbeiter

Napredak industrije, čiji je nedobrovoljni promicatelj buržoazija, zamjenjuje izolaciju radnika

durch die Konkurrenz, durch ihre revolutionäre
Kombination, durch die Assoziation
zbog konkurencije, zbog njihove revolucionarne kombinacije,
zbog udruživanja
Die Entwicklung der modernen Industrie schneidet ihr die
Grundlage unter den Füßen weg, auf der die Bourgeoisie
Produkte produziert und sich aneignet
Razvoj moderne industrije siječe ispod nogu sam temelj na
kojem buržoazija proizvodi i prisvaja proizvode
Was die Bourgeoisie vor allem produziert, sind ihre eigenen
Totengräber
Ono što buržoazija proizvodi, prije svega, su njeni vlastiti
grobari
Der Sturz der Bourgeoisie und der Sieg des Proletariats sind
gleichermaßen unvermeidlich
Pad buržoazije i pobjeda proletarijata jednako su neizbježni

Proletarier und Kommunisten
Proleteri i komunisti
In welchem Verhältnis stehen die Kommunisten zu den Proletariern insgesamt?
U kakvom su odnosu komunisti prema proleterima u cjelini?
Die Kommunisten bilden keine eigene Partei, die anderen Arbeiterparteien entgegengesetzt ist
Komunisti ne formiraju zasebnu stranku nasuprot drugim strankama radničke klase
Sie haben keine Interessen, die von denen des Proletariats als Ganzes getrennt und getrennt sind
Oni nemaju interese odvojene i odvojene od interesa proletarijata u cjelini
Sie stellen keine eigenen sektiererischen Prinzipien auf, nach denen sie die proletarische Bewegung formen und formen könnten
Oni ne postavljaju nikakve vlastite sektaške principe, po kojima bi oblikovali i oblikovali proleterski pokret
Die Kommunisten unterscheiden sich von den anderen Arbeiterparteien nur durch zwei Dinge
Komunisti se razlikuju od ostalih stranaka radničke klase po samo dvije stvari
Erstens: Sie weisen auf die gemeinsamen Interessen des gesamten Proletariats hin und bringen sie in den Vordergrund, unabhängig von jeder Nationalität
Prvo, oni ukazuju i stavljaju u prvi plan zajedničke interese cijelog proletarijata, neovisno o svakoj nacionalnosti
Das tun sie in den nationalen Kämpfen der Proletarier der verschiedenen Länder
To čine u nacionalnim borbama proletera različitih zemalja
Zweitens vertreten sie immer und überall die Interessen der gesamten Bewegung
Drugo, oni uvijek i svugdje zastupaju interese pokreta u cjelini
das tun sie in den verschiedenen Entwicklungsstadien, die der Kampf der Arbeiterklasse gegen die Bourgeoisie zu durchlaufen hat

to čine u različitim fazama razvoja, kroz koje mora proći borba radničke klase protiv buržoazije

Die Kommunisten sind also auf der einen Seite praktisch der fortschrittlichste und entschiedenste Teil der Arbeiterparteien eines jeden Landes

Komunisti su, dakle, s jedne strane, praktički najnapredniji i najodlučniji dio radničkih stranaka svake zemlje

Sie sind der Teil der Arbeiterklasse, der alle anderen vorantreibt

oni su onaj dio radničke klase koji gura naprijed sve druge

Theoretisch haben sie auch den Vorteil, dass sie die Marschlinie klar verstehen

Teoretski, oni također imaju prednost jasnog razumijevanja linije marša

Das verstehen sie besser im Vergleich zu der großen Masse des Proletariats

To oni bolje razumiju u usporedbi s velikom masom proletarijata

Sie verstehen die Bedingungen und die letzten allgemeinen Ergebnisse der proletarischen Bewegung

Oni razumiju uvjete i krajnje opće rezultate proleterskog pokreta

Das unmittelbare Ziel des Kommunisten ist dasselbe wie das aller anderen proletarischen Parteien

Neposredni cilj komunista isti je kao i svih drugih proleterskih partija

Ihr Ziel ist die Formierung des Proletariats zu einer Klasse

Njihov cilj je formiranje proletarijata u klasu

sie zielen darauf ab, die Vorherrschaft der Bourgeoisie zu stürzen

cilj im je svrgnuti buržoasku nadmoć

das Streben nach politischer Machteroberung durch das Proletariat

težnja za osvajanjem političke moći od strane proletarijata

Die theoretischen Schlußfolgerungen der Kommunisten beruhen in keiner Weise auf Ideen oder Prinzipien der Reformer

Teorijski zaključci komunista ni na koji način nisu utemeljeni na idejama ili načelima reformatora

es waren keine Möchtegern-Universalreformer, die die theoretischen Schlussfolgerungen der Kommunisten erfunden oder entdeckt haben

nisu bili univerzalni reformatori ti koji su izmislili ili otkrili teorijske zaključke komunista

Sie drücken lediglich in allgemeinen Begriffen tatsächliche Verhältnisse aus, die aus einem bestehenden Klassenkampf hervorgehen

One samo izražavaju, općenito govoreći, stvarne odnose koji proizlaze iz postojeće klasne borbe

Und sie beschreiben die historische Bewegung, die sich unter unseren Augen abspielt und die diesen Klassenkampf hervorgebracht hat

i opisuju povijesni pokret koji se odvijao pred našim očima i koji je stvorio ovu klasnu borbu

Die Abschaffung bestehender Eigentumsverhältnisse ist keineswegs ein charakteristisches Merkmal des Kommunismus

Ukidanje postojećih vlasničkih odnosa uopće nije karakteristično obilježje komunizma

Alle Eigentumsverhältnisse in der Vergangenheit waren einem ständigen historischen Wandel unterworfen

Svi vlasnički odnosi u prošlosti kontinuirano su bili podložni povijesnim promjenama

Und diese Veränderungen waren eine Folge der Veränderung der historischen Bedingungen

a te su promjene bile posljedica promjene povijesnih uvjeta

Die Französische Revolution zum Beispiel schaffte das Feudaleigentum zugunsten des Bourgeoisie Eigentums ab

Francuska revolucija, na primjer, ukinula je feudalno vlasništvo u korist buržoaske imovine

Das Unterscheidungsmerkmal des Kommunismus ist nicht die Abschaffung des Eigentums im Allgemeinen
Prepoznatljiva značajka komunizma nije ukidanje vlasništva, općenito
aber das Unterscheidungsmerkmal des Kommunismus ist die Abschaffung des Bourgeoisie Eigentums
ali prepoznatljiva značajka komunizma je ukidanje buržoaske imovine
Aber das Privateigentum der modernen Bourgeoisie ist der letzte und vollständigste Ausdruck des Systems der Produktion und Aneignung von Produkten
Ali moderno buržoasko privatno vlasništvo je konačni i najpotpuniji izraz sustava proizvodnje i prisvajanja proizvoda
Es ist der Endzustand eines Systems, das auf Klassengegensätzen beruht, wobei der Klassenantagonismus die Ausbeutung der Vielen durch die Wenigen ist
to je konačno stanje sustava koji se temelji na klasnim antagonizmima, gdje je klasni antagonizam eksploatacija mnogih od strane nekolicine
In diesem Sinne läßt sich die Theorie der Kommunisten in einem einzigen Satz zusammenfassen; die Abschaffung des Privateigentums
U tom smislu, teorija komunista može se sažeti u jednu rečenicu; ukidanje privatnog vlasništva
Uns Kommunisten hat man vorgeworfen, das Recht auf persönlichen Eigentumserwerb abschaffen zu wollen
Nama komunistima se prigovara želja za ukidanjem prava osobnog stjecanja imovine
Es wird behauptet, dass diese Eigenschaft die Frucht der eigenen Arbeit eines Menschen ist
Tvrdi se da je ovo svojstvo plod čovjekovog vlastitog rada
Und diese Eigenschaft soll die Grundlage aller persönlichen Freiheit, Aktivität und Unabhängigkeit sein.
a to je vlasništvo navodno temelj svake osobne slobode, aktivnosti i neovisnosti.

"Hart erkämpftes, selbst erworbenes, selbst verdientes Eigentum!"

"Teško stečena, samostečena, samozarađena imovina!"

Meinst du das Eigentum des kleinen Handwerkers und des Kleinbauern?

Mislite li na vlasništvo sitnog obrtnika i malog seljaka?

Meinen Sie eine Form des Eigentums, die der Bourgeoisie Form vorausging?

Mislite li na oblik vlasništva koji je prethodio buržoaskom obliku?

Es ist nicht nötig, sie abzuschaffen, die Entwicklung der Industrie hat sie zum großen Teil bereits zerstört

To ne treba ukinuti, razvoj industrije ga je već u velikoj mjeri uništio

Und die Entwicklung der Industrie zerstört sie immer noch täglich

a razvoj industrije ga i dalje svakodnevno uništava

Oder meinen Sie das moderne Bourgeoisie Privateigentum?

Ili mislite na privatno vlasništvo moderne buržoazije?

Aber schafft die Lohnarbeit irgendein Eigentum für den Arbeiter?

No, stvara li najamni rad ikakvo vlasništvo za radnika?

Nein, die Lohnarbeit schafft nicht ein bisschen von dieser Art von Eigentum!

Ne, najamni rad ne stvara ni jedan dio ove vrste imovine!

Was Lohnarbeit schafft, ist Kapital; jene Art von Eigentum, das Lohnarbeit ausbeutet

ono što najamni rad stvara je kapital; onu vrstu imovine koja iskorištava najamni rad

Das Kapital kann sich nur unter der Bedingung vermehren, daß es ein neues Angebot an Lohnarbeit für neue Ausbeutung erzeugt

kapital se ne može povećavati osim pod uvjetom da se stvori nova ponuda najamnog rada za novu eksploataciju

Das Eigentum in seiner jetzigen Form beruht auf dem Antagonismus von Kapital und Lohnarbeit

Vlasništvo, u svom sadašnjem obliku, temelji se na
antagonizmu kapitala i najamnog rada
Betrachten wir beide Seiten dieses Antagonismus
Ispitajmo obje strane ovog antagonizma
Kapitalist zu sein bedeutet nicht nur, einen rein
persönlichen Status zu haben
Biti kapitalist znači imati ne samo čisto osobni status
Stattdessen bedeutet Kapitalist zu sein auch, einen sozialen
Status in der Produktion zu haben
umjesto toga, biti kapitalist također znači imati društveni
status u proizvodnji
weil Kapital ein kollektives Produkt ist; Nur durch das
gemeinsame Handeln vieler Mitglieder kann sie in Gang
gesetzt werden
jer je kapital kolektivni proizvod; samo ujedinjenim
djelovanjem mnogih članova može se pokrenuti
Aber dieses gemeinsame Handeln ist der letzte Ausweg und
erfordert eigentlich alle Mitglieder der Gesellschaft
Ali ova ujedinjena akcija je posljednje utočište, i zapravo
zahtijeva sve članove društva
Das Kapital verwandelt sich in das Eigentum aller
Mitglieder der Gesellschaft
Kapital se pretvara u vlasništvo svih članova društva
aber das Kapital ist also keine persönliche Macht; Es ist eine
gesellschaftliche Macht
ali Kapital, dakle, nije osobna moć; to je društvena moć
Wenn also Kapital in gesellschaftliches Eigentum
umgewandelt wird, so verwandelt sich dadurch nicht
persönliches Eigentum in gesellschaftliches Eigentum
Dakle, kada se kapital pretvara u društveno vlasništvo,
osobno vlasništvo se time ne pretvara u društveno vlasništvo
Nur der gesellschaftliche Charakter des Eigentums wird
verändert und verliert seinen Klassencharakter
Samo se društveni karakter vlasništva mijenja i gubi svoj
klasni karakter
Betrachten wir nun die Lohnarbeit

Pogledajmo sada najamni rad

Der Durchschnittspreis der Lohnarbeit ist der Mindestlohn, d.h. das Quantum der Lebensmittel

Prosječna cijena najamnog rada je minimalna plaća, tj. ona količina sredstava za život

Dieser Lohn ist für die bloße Existenz als Arbeiter absolut notwendig

Ova plaća je apsolutno neophodna u goloj egzistenciji kao radnika

Was sich also der Lohnarbeiter durch seine Arbeit aneignet, genügt nur, um ein bloßes Dasein zu verlängern und zu reproduzieren

Ono što dakle najamni radnik prisvaja svojim radom, dovoljno je samo da produži i reproducira golu egzistenciju

Wir beabsichtigen keineswegs, diese persönliche Aneignung der Arbeitsprodukte abzuschaffen

Mi nipošto ne namjeravamo ukinuti ovo osobno prisvajanje proizvoda rada

eine Aneignung, die für die Erhaltung und Reproduktion des menschlichen Lebens bestimmt ist

sredstva koja se izdvajaju za održavanje i reprodukciju ljudskog života

Eine solche persönliche Aneignung der Arbeitsprodukte lässt keinen Überschuss übrig, mit dem man die Arbeit anderer befehlen könnte

takvo osobno prisvajanje proizvoda rada ne ostavlja višak kojim bi se zapovijedao radom drugih

Alles, was wir beseitigen wollen, ist der erbärmliche Charakter dieser Aneignung

Sve što želimo ukloniti je bijedni karakter ovog prisvajanja

die Aneignung, unter der der Arbeiter lebt, bloß um das Kapital zu vermehren

prisvajanje pod kojim radnik živi samo da bi povećao kapital

Er darf nur leben, soweit es das Interesse der herrschenden Klasse erfordert

dopušteno mu je živjeti samo onoliko koliko to zahtijeva
interes vladajuće klase
**In der Bourgeoisie Gesellschaft ist die lebendige Arbeit nur
ein Mittel, um die akkumulierte Arbeit zu vermehren**
U buržoaskom društvu živi rad je samo sredstvo za povećanje
akumuliranog rada
**In der kommunistischen Gesellschaft ist die akkumulierte
Arbeit nur ein Mittel, um die Existenz des Arbeiters zu
erweitern, zu bereichern und zu fördern**
U komunističkom društvu akumulirani rad je samo sredstvo
za širenje, bogaćenje, promicanje egzistencije radnika
**In der Bourgeoisie Gesellschaft dominiert daher die
Vergangenheit die Gegenwart**
U buržoaskom društvu, dakle, prošlost dominira sadašnjošću
**In der kommunistischen Gesellschaft dominiert die
Gegenwart die Vergangenheit**
u komunističkom društvu sadašnjost dominira prošlošću
**In der Bourgeoisie Gesellschaft ist das Kapital unabhängig
und hat Individualität**
U buržoaskom društvu kapital je neovisan i ima
individualnost
**In der Bourgeoisie Gesellschaft ist der lebende Mensch
abhängig und hat keine Individualität**
U buržoaskom društvu živa osoba je ovisna i nema
individualnosti
**Und die Abschaffung dieses Zustandes wird von der
Bourgeoisie als Abschaffung der Individualität und Freiheit
bezeichnet!**
A ukidanje ovog stanja stvari buržoazija naziva ukidanjem
individualnosti i slobode!
**Und man nennt sie mit Recht die Abschaffung von
Individualität und Freiheit!**
I s pravom se naziva ukidanjem individualnosti i slobode!
**Der Kommunismus strebt die Abschaffung der Bourgeoisie
Individualität an**
Komunizam teži ukidanju buržoaske individualnosti

Der Kommunismus strebt die Abschaffung der Unabhängigkeit der Bourgeoisie an

Komunizam namjerava ukinuti buržoasku neovisnost

Die BourgeoisieFreiheit ist zweifellos das, was der Kommunismus anstrebt

Buržoaska sloboda je nesumnjivo ono čemu komunizam teži

unter den gegenwärtigen Bourgeoisie Produktionsbedingungen bedeutet Freiheit freien Handel, freien Verkauf und freien Kauf

u sadašnjim buržoaskim uvjetima proizvodnje, sloboda znači slobodnu trgovinu, slobodnu prodaju i kupnju

Aber wenn das Verkaufen und Kaufen verschwindet, verschwindet auch das freie Verkaufen und Kaufen

Ali ako prodaja i kupnja nestanu, nestaje i slobodna prodaja i kupnja

"Mutige Worte" der Bourgeoisie über den freien Verkauf und Kauf haben nur eine begrenzte Bedeutung

"hrabre riječi" buržoazije o slobodnoj prodaji i kupnji imaju značenje samo u ograničenom smislu

Diese Worte haben nur im Gegensatz zu eingeschränktem Verkauf und Kauf eine Bedeutung

Ove riječi imaju značenje samo za razliku od ograničene prodaje i kupnje

und diese Worte haben nur dann eine Bedeutung, wenn sie auf die gefesselten Händler des Mittelalters angewandt werden

a ove riječi imaju značenje samo kada se primjenjuju na okovane trgovce srednjeg vijeka

und das setzt voraus, dass diese Worte überhaupt eine Bedeutung im Bourgeoisie Sinne haben

a to pretpostavlja da ove riječi imaju značenje čak i u buržoaskom smislu

aber diese Worte haben keine Bedeutung, wenn sie gebraucht werden, um sich gegen die kommunistische Abschaffung des Kaufens und Verkaufens zu wehren

ali ove riječi nemaju značenje kada se koriste za
suprotstavljanje komunističkom ukidanju kupnje i prodaje
**die Worte haben keine Bedeutung, wenn sie gebraucht
werden, um sich gegen die Abschaffung der Bourgeoisie
Produktionsbedingungen zu wehren**
riječi nemaju značenje kada se koriste kako bi se suprotstavile
buržoaskim uvjetima proizvodnje koji su ukinuti
**und sie haben keine Bedeutung, wenn sie benutzt werden,
um sich gegen die Abschaffung der Bourgeoisie selbst zu
wehren**
i nemaju smisla kada se koriste za suprotstavljanje ukidanju
same buržoazije
**Sie sind entsetzt über unsere Absicht, das Privateigentum
abzuschaffen**
Užasnuti ste što namjeravamo ukinuti privatno vlasništvo
**Aber in eurer jetzigen Gesellschaft ist das Privateigentum
für neun Zehntel der Bevölkerung bereits abgeschafft**
Ali u vašem postojećem društvu privatno vlasništvo je već
ukinuto za devet desetina stanovništva
**Die Existenz des Privateigentums für einige wenige beruht
einzig und allein darauf, dass es in den Händen von neun
Zehnteln der Bevölkerung nicht existiert**
Postojanje privatnog vlasništva za nekolicinu isključivo je
posljedica njegovog nepostojanja u rukama devet desetina
stanovništva
**Sie werfen uns also vor, daß wir eine Form des Eigentums
abschaffen wollen**
Stoga nam prigovarate da namjeravamo ukinuti neki oblik
vlasništva
**Aber das Privateigentum erfordert für die ungeheure
Mehrheit der Gesellschaft die Nichtexistenz jeglichen
Eigentums**
ali privatno vlasništvo zahtijeva nepostojanje bilo kakvog
vlasništva za ogromnu većinu društva
**Mit einem Wort, Sie werfen uns vor, daß wir Ihr Eigentum
beseitigen wollen**

Jednom riječju, prigovarate nam što namjeravamo ukinuti vašu imovinu

Und genau so ist es; Ihr Eigentum abzuschaffen, ist genau das, was wir beabsichtigen

I upravo je tako; ukidanje vaše imovine je upravo ono što namjeravamo

Von dem Augenblick an, wo die Arbeit nicht mehr in Kapital, Geld oder Rente verwandelt werden kann

Od trenutka kada se rad više ne može pretvoriti u kapital, novac ili rentu

wenn die Arbeit nicht mehr in eine gesellschaftliche Macht umgewandelt werden kann, die monopolisiert werden kann

kada se rad više ne može pretvoriti u društvenu moć koja se može monopolizirati

von dem Augenblick an, wo das individuelle Eigentum nicht mehr in Bourgeoisie Eigentum verwandelt werden kann

od trenutka kada se individualna imovina više ne može transformirati u buržoasku imovinu

von dem Augenblick an, wo das individuelle Eigentum nicht mehr in Kapital verwandelt werden kann

od trenutka kada se individualno vlasništvo više ne može pretvoriti u kapital

Von diesem Moment an sagst du, dass die Individualität verschwindet

Od tog trenutka kažete da individualnost nestaje

Sie müssen also gestehen, daß Sie mit »Individuum« keine andere Person meinen als die Bourgeoisie

Morate, dakle, priznati da pod "pojedincem" ne mislite na nijednu drugu osobu osim na buržoaziju

Sie müssen zugeben, dass es sich speziell auf den Bourgeoisie Eigentümer von Immobilien bezieht

morate priznati da se to posebno odnosi na vlasnika nekretnine srednje klase

Diese Person muss in der Tat aus dem Weg geräumt und unmöglich gemacht werden

Ovu osobu, doista, treba maknuti s puta i učiniti nemogućom

Der Kommunismus beraubt niemanden der Macht, sich die Produkte der Gesellschaft anzueignen

Komunizam nijednom čovjeku ne uskraćuje moć da prisvaja proizvode društva

Alles, was der Kommunismus tut, ist, ihm die Macht zu nehmen, die Arbeit anderer durch eine solche Aneignung zu unterjochen

sve što komunizam čini je da mu oduzima moć da pokorava rad drugih putem takvog prisvajanja

Man hat eingewendet, daß mit der Abschaffung des Privateigentums alle Arbeit aufhören werde

Prigovor je da će nakon ukidanja privatnog vlasništva svi radovi prestati

Und dann wird suggeriert, dass uns die universelle Faulheit überwältigen wird

i tada se sugerira da će nas sveopća lijenost obuzeti

Demnach hätte die BourgeoisieGesellschaft schon längst vor lauter Müßiggang vor die Hunde gehen müssen

Prema tome, buržoasko društvo je odavno trebalo otići psima iz čiste besposlenosti

denn diejenigen ihrer Mitglieder, die arbeiten, erwerben nichts

jer oni od njegovih članova koji rade, ne stječu ništa

und diejenigen von ihren Mitgliedern, die etwas erwerben, arbeiten nicht

a oni od njegovih članova koji nešto steknu, ne rade

Der ganze Einwand ist nur ein weiterer Ausdruck der Tautologie

Cijeli ovaj prigovor samo je još jedan izraz tautologije

Es kann keine Lohnarbeit mehr geben, wenn es kein Kapital mehr gibt

više ne može biti najamnog rada kada više nema kapitala

Es gibt keinen Unterschied zwischen materiellen und mentalen Produkten

Nema razlike između materijalnih proizvoda i mentalnih proizvoda

Der Kommunismus schlägt vor, dass beides auf die gleiche Weise produziert wird

Komunizam predlaže da se oba proizvedu na isti način

aber die Einwände gegen die kommunistischen Produktionsweisen sind dieselben

ali prigovori protiv komunističkih načina njihove proizvodnje su isti

Für die Bourgeoisie ist das Verschwinden des Klasseneigentums das Verschwinden der Produktion selbst

za buržoaziju je nestanak klasnog vlasništva nestanak same proizvodnje

So ist für ihn das Verschwinden der Klassenkultur identisch mit dem Verschwinden aller Kultur

Dakle, nestanak klasne kulture za njega je identičan nestanku cijele kulture

Diese Kultur, deren Verlust er beklagt, ist für die überwiegende Mehrheit ein bloßes Training, um als Maschine zu agieren

Ta kultura, za čijim gubitkom žali, za ogromnu je većinu puka obuka za djelovanje kao stroj

Die Kommunisten haben die Absicht, die Kultur des Bourgeoisie Eigentums abzuschaffen

Komunisti itekako namjeravaju ukinuti kulturu buržoaskog vlasništva

Aber zankt euch nicht mit uns, solange ihr den Maßstab eurer Bourgeoisie Vorstellungen von Freiheit, Kultur, Recht usw. anlegt

Ali nemojte se svađati s nama sve dok primjenjujete standard svojih buržoaskih pojmova slobode, kulture, zakona itd

Eure Ideen selbst sind nur die Auswüchse der Bedingungen eurer Bourgeoisie Produktion und eures Bourgeoisie Eigentums

Same vaše ideje su samo izdanak uvjeta vaše buržoaske proizvodnje i buržoaskog vlasništva

so wie eure Jurisprudenz nichts anderes ist als der Wille eurer Klasse, der zum Gesetz für alle gemacht wurde

baš kao što je vaša jurisprudencija samo volja vaše klase koja je pretvorena u zakon za sve

Der wesentliche Charakter und die Richtung dieses Willens werden durch die ökonomischen Bedingungen bestimmt, die Ihre soziale Klasse schafft

Suštinski karakter i smjer ove oporuke određeni su ekonomskim uvjetima koje stvara vaša društvena klasa

Der selbstsüchtige Irrtum, der dich veranlaßt, soziale Formen in ewige Gesetze der Natur und der Vernunft zu verwandeln

Sebična zabluda koja vas navodi da transformirate društvene oblike u vječne zakone prirode i razuma

die gesellschaftlichen Formen, die aus eurer gegenwärtigen Produktionsweise und Eigentumsform entspringen

društveni oblici koji proizlaze iz vašeg sadašnjeg načina proizvodnje i oblika vlasništva

historische Beziehungen, die im Fortschritt der Produktion auf- und verschwinden

povijesni odnosi koji se uzdižu i nestaju u napretku proizvodnje

Dieses Missverständnis teilt ihr mit jeder herrschenden Klasse, die euch vorausgegangen ist

ovu zabludu dijelite sa svakom vladajućom klasom koja vam je prethodila

Was Sie bei antikem Eigentum klar sehen, was Sie bei feudalem Eigentum zugeben

Ono što jasno vidite u slučaju drevnog vlasništva, ono što priznajete u slučaju feudalne imovine

diese Dinge dürfen Sie natürlich nicht zugeben, wenn es sich um Ihre eigene BourgeoisieEigentumsform handelt

ove stvari vam je, naravno, zabranjeno priznati u slučaju vašeg vlastitog buržoaskog oblika vlasništva

Abschaffung der Familie! Selbst die Radikalsten entrüsten sich über diesen infamen Vorschlag der Kommunisten

Ukidanje obitelji! Čak i najradikalniji rasplamsavaju se na ovaj zloglasni prijedlog komunista

Auf welcher Grundlage beruht die heutige Familie, die BourgeoisieFamilie?

Na kojem se temelju temelji sadašnja obitelj, obitelj Bourgeoisie?

Die Gründung der heutigen Familie beruht auf Kapital und privatem Gewinn

Temelj sadašnje obitelji temelji se na kapitalu i privatnoj dobiti

In ihrer voll entwickelten Form existiert diese Familie nur unter der Bourgeoisie

U svom potpuno razvijenom obliku ova obitelj postoji samo među buržoazijom

Dieser Zustand der Dinge findet seine Ergänzung in der praktischen Abwesenheit der Familie bei den Proletariern

Ovo stanje stvari nalazi svoju nadopunu u praktičnoj odsutnosti obitelji među proleterima

Dieser Zustand ist in der öffentlichen Prostitution zu finden

Takvo stanje stvari može se naći u javnoj prostituciji

Die BourgeoisieFamilie wird wie selbstverständlich verschwinden, wenn ihr Komplement verschwindet

Buržoaska obitelj će nestati samo po sebi kada nestane njezin kompunt

Und beides wird mit dem Verschwinden des Kapitals verschwinden

i oboje će nestati s nestankom kapitala

Werfen Sie uns vor, dass wir die Ausbeutung von Kindern durch ihre Eltern stoppen wollen?

Optužujete li nas da želimo zaustaviti iskorištavanje djece od strane njihovih roditelja?

Diesem Verbrechen bekennen wir uns schuldig

Za ovaj zločin priznajemo krivnju

Aber, werden Sie sagen, wir zerstören die heiligsten Beziehungen, wenn wir die häusliche Erziehung durch die soziale Erziehung ersetzen

Ali, reći ćete, uništavamo najsvetije odnose, kada kućni odgoj zamijenimo socijalnim obrazovanjem

Ist Ihre Erziehung nicht auch sozial? Und wird sie nicht von den gesellschaftlichen Bedingungen bestimmt, unter denen man erzieht?

Nije li vaše obrazovanje također društveno? I nije li to određeno društvenim uvjetima pod kojima obrazujete?

durch direkte oder indirekte Eingriffe in die Gesellschaft, durch Schulen usw.

intervencijom, izravnom ili neizravnom, društva, putem škola itd.

Die Kommunisten haben die Einmischung der Gesellschaft in die Erziehung nicht erfunden

Komunisti nisu izmislili intervenciju društva u obrazovanje

Sie versuchen lediglich, den Charakter dieses Eingriffs zu ändern

oni samo nastoje promijeniti karakter te intervencije

Und sie versuchen, das Bildungswesen vor dem Einfluss der herrschenden Klasse zu retten

i nastoje spasiti obrazovanje od utjecaja vladajuće klase

Die Bourgeoisie spricht von der geheiligten Beziehung von Eltern und Kind

Buržoazija govori o svetom suodnosu roditelja i djeteta

aber dieses Geschwätz über die Familie und die Erziehung wird um so widerwärtiger, wenn wir die moderne Industrie betrachten

ali ova zamka o obitelji i obrazovanju postaje još odvratnija kada pogledamo modernu industriju

Alle Familienbande unter den Proletariern werden durch die moderne Industrie zerrissen

Sve obiteljske veze među proleterima rastrgane su modernom industrijom

ihre Kinder werden zu einfachen Handelsartikeln und Arbeitsinstrumenten

njihova djeca se pretvaraju u jednostavne trgovačke predmete i sredstva rada

Aber ihr Kommunisten würdet eine Gemeinschaft von Frauen schaffen, schreit die ganze Bourgeoisie im Chor

Ali vi komunisti biste stvorili zajednicu žena, vrišti cijela buržoazija u zboru

Die Bourgeoisie sieht in seiner Frau ein bloßes Produktionsinstrument

Buržoazija u svojoj ženi vidi puko sredstvo proizvodnje

Er hört, dass die Produktionsmittel von allen ausgebeutet werden sollen

On čuje da instrumente proizvodnje trebaju iskorištavati svi

Und natürlich kann er zu keinem anderen Schluß kommen, als daß das Los, allen gemeinsam zu sein, auch den Frauen zufallen wird

i, naravno, ne može doći do drugog zaključka osim da će sudbina zajedničkog svima također pripasti ženama

Er hat nicht einmal den geringsten Verdacht, dass es in Wirklichkeit darum geht, die Stellung der Frau als bloße Produktionsinstrumente abzuschaffen

On čak ni ne sumnja da je prava poanta ukinuti status žena kao pukih instrumenata proizvodnje

Im übrigen ist nichts lächerlicher als die tugendhafte Empörung unserer Bourgeoisie über die Gemeinschaft der Frauen

U ostalom, ništa nije smješnije od kreposnog ogorčenja naše buržoazije na zajednicu žena

sie tun so, als ob sie von den Kommunisten offen und offiziell eingeführt werden sollte

pretvaraju se da su je otvoreno i službeno uspostavili komunisti

Die Kommunisten haben es nicht nötig, die Gemeinschaft der Frauen einzuführen, sie existiert fast seit undenklichen Zeiten

Komunisti nemaju potrebu uvoditi zajednicu žena, ona postoji gotovo od pamtivijeka

Unsere Bourgeoisie begnügt sich nicht damit, die Frauen und Töchter ihrer Proletarier zur Verfügung zu haben

Naša buržoazija nije zadovoljna time što ima na raspolaganju žene i kćeri svojih proletera

Sie haben das größte Vergnügen daran, ihre Frauen gegenseitig zu verführen

najveće zadovoljstvo uživaju u zavođenju žena jedno drugoga

Und das ist noch nicht einmal von gewöhnlichen Prostituierten zu sprechen

a to čak i ne govori o običnim prostitutkama

Die BourgeoisieEhe ist in Wirklichkeit ein System gemeinsamer Ehefrauen

Buržoaski brak je u stvarnosti zajednički sustav žena

dann gibt es eine Sache, die man den Kommunisten vielleicht vorwerfen könnte

onda postoji jedna stvar koja bi komunistima mogla biti zamjerena

Sie wollen eine offen legalisierte Gemeinschaft von Frauen einführen

žele uvesti otvoreno legaliziranu zajednicu žena

statt einer heuchlerisch verhüllten Gemeinschaft von Frauen

a ne licemjerno prikrivena zajednica žena

Die Gemeinschaft der Frauen, die aus dem Produktionssystem hervorgegangen ist

zajednica žena koja proizlazi iz sustava proizvodnje

Schafft das Produktionssystem ab, und ihr schafft die Gemeinschaft der Frauen ab

ukinuti sustav proizvodnje, i ukinuti ćete zajednicu žena

Sowohl die öffentliche Prostitution als auch die private Prostitution wird abgeschafft

Ukida se i javna prostitucija i privatna prostitucija

Den Kommunisten wird noch dazu vorgeworfen, sie wollten Länder und Nationalitäten abschaffen

Komunistima se još više zamjera želja za ukidanjem zemalja i nacionalnosti

Die Arbeiter haben kein Vaterland, also können wir ihnen nicht nehmen, was sie nicht haben

Radnici nemaju zemlju, pa im ne možemo oduzeti ono što
nemaju
**Das Proletariat muss vor allem die politische Herrschaft
erlangen**
Proletarijat prije svega mora steći političku nadmoć
**Das Proletariat muss sich zur führenden Klasse der Nation
erheben**
Proletarijat se mora uzdignuti da bude vodeća klasa nacije
Das Proletariat muss sich zur Nation konstituieren
Proletarijat se mora konstituirati kao nacija
**sie ist bis jetzt selbst national, wenn auch nicht im
Bourgeoisie Sinne des Wortes**
ona je, zasad, sama nacionalna, iako ne u buržoaskom smislu
te riječi
**Nationale Unterschiede und Gegensätze zwischen den
Völkern verschwinden täglich mehr und mehr**
Nacionalne razlike i antagonizmi među narodima svakim
danom sve više nestaju
**der Entwicklung der Bourgeoisie, der Freiheit des Handels,
des Weltmarktes**
zahvaljujući razvoju buržoazije, slobodi trgovine, svjetskom
tržištu
**zur Gleichförmigkeit der Produktionsweise und der ihr
entsprechenden Lebensbedingungen**
do ujednačenosti načina proizvodnje i životnih uvjeta koji mu
odgovaraju
**Die Herrschaft des Proletariats wird sie noch schneller
verschwinden lassen**
Nadmoć proletarijata uzrokovat će da nestanu još brže
**Die einheitliche Aktion, wenigstens der führenden
zivilisierten Länder, ist eine der ersten Bedingungen für die
Befreiung des Proletariats**
Ujedinjeno djelovanje, barem vodećih civiliziranih zemalja,
jedan je od prvih uvjeta za emancipaciju proletarijata
**In dem Maße, wie der Ausbeutung eines Individuums durch
ein anderes ein Ende gesetzt wird, wird auch der**

Ausbeutung einer Nation durch eine andere ein Ende gesetzt.
U onoj mjeri u kojoj se stane na kraj eksploataciji jednog pojedinca od strane drugog, tako će se stati na kraj i eksploataciji jedne nacije od strane druge

In dem Maße, wie der Antagonismus zwischen den Klassen innerhalb der Nation verschwindet, wird die Feindschaft einer Nation gegen die andere ein Ende haben
Proporcionalno tome kako antagonizam između klasa unutar nacije nestane, neprijateljstvo jedne nacije prema drugoj će doći do kraja

Die Anschuldigungen gegen den Kommunismus, die von einem religiösen, philosophischen und allgemein von einem ideologischen Standpunkt aus erhoben werden, verdienen keine ernsthafte Prüfung
Optužbe protiv komunizma iznesene s vjerskog, filozofskog i, općenito, s ideološkog stajališta, ne zaslužuju ozbiljno ispitivanje

Braucht es eine tiefe Intuition, um zu begreifen, dass sich die Ideen, Ansichten und Vorstellungen des Menschen mit jeder Veränderung der Bedingungen seiner materiellen Existenz ändern?
Je li potrebna duboka intuicija da bi se shvatilo da se čovjekove ideje, pogledi i koncepcije mijenjaju sa svakom promjenom uvjeta njegove materijalne egzistencije?

Ist es nicht offensichtlich, dass das Bewusstsein des Menschen sich Verändert, wenn seine sozialen Beziehungen und sein soziales Leben ändern?
Nije li očito da se čovjekova svijest mijenja kada se promijene njegovi društveni odnosi i njegov društveni život?

Was beweist die Ideengeschichte anderes, als daß die geistige Produktion ihren Charakter in dem Maße ändert, wie die materielle Produktion verändert wird?
Što drugo dokazuje povijest ideja, osim da intelektualna proizvodnja mijenja svoj karakter proporcionalno tome kako se mijenja materijalna proizvodnja?

Die herrschenden Ideen eines jeden Zeitalters waren immer die Ideen seiner herrschenden Klasse

Vladajuće ideje svakog doba oduvijek su bile ideje vladajuće klase

Wenn Menschen von Ideen sprechen, die die Gesellschaft revolutionieren, drücken sie nur eine Tatsache aus

Kada ljudi govore o idejama koje revolucioniraju društvo, oni izražavaju samo jednu činjenicu

Innerhalb der alten Gesellschaft wurden die Elemente einer neuen geschaffen

unutar starog društva stvoreni su elementi novog

und daß die Auflösung der alten Ideen mit der Auflösung der alten Daseinsverhältnisse Schritt hält

i da raspad starih ideja ide u korak s rastvaranjem starih uvjeta postojanja

Als die Antike in den letzten Zügen lag, wurden die alten Religionen vom Christentum überwunden

Kada je drevni svijet bio u posljednjim mukama, drevne religije nadvladalo je kršćanstvo

Als die christlichen Ideen im 18. Jahrhundert den rationalistischen Ideen erlagen, kämpfte die feudale Gesellschaft ihren Todeskampf mit der damals revolutionären Bourgeoisie

Kada su kršćanske ideje u 18. stoljeću podlegle racionalističkim idejama, feudalno društvo vodilo je smrtnu bitku s tada revolucionarnom buržoazijom

Die Ideen der Religions- und Gewissensfreiheit brachten lediglich die Herrschaft des freien Wettbewerbs auf dem Gebiet des Wissens zum Ausdruck

Ideje vjerske slobode i slobode savjesti samo su izrazile utjecaj slobodne konkurencije unutar domene znanja

"Zweifellos", wird man sagen, "sind religiöse, moralische, philosophische und juristische Ideen im Laufe der geschichtlichen Entwicklung modifiziert worden"

"Bez sumnje", reći će, "vjerske, moralne, filozofske i pravne ideje su modificirane tijekom povijesnog razvoja"

"Aber Religion, Moralphilosophie, Politikwissenschaft und Recht überlebten diesen Wandel ständig."

"Ali religija, moral, filozofija, političke znanosti i pravo, stalno su preživljavali ovu promjenu"

"Es gibt auch ewige Wahrheiten, wie Freiheit, Gerechtigkeit usw."

"Postoje i vječne istine, kao što su sloboda, pravda itd."

"Diese ewigen Wahrheiten sind allen Zuständen der Gesellschaft gemeinsam"

"Ove vječne istine zajedničke su svim stanjima društva"

"Aber der Kommunismus schafft die ewigen Wahrheiten ab, er schafft alle Religion und alle Moral ab."

"Ali komunizam ukida vječne istine, ukida svaku religiju i sav moral"

"Sie tut dies, anstatt sie auf einer neuen Grundlage zu konstituieren"

"to čini umjesto da ih konstituira na novoj osnovi"

"Sie handelt daher im Widerspruch zu allen bisherigen historischen Erfahrungen"

"stoga djeluje u suprotnosti sa svim prošlim povijesnim iskustvima"

Worauf reduziert sich dieser Vorwurf?

Na što se svodi ova optužba?

Die Geschichte aller vergangenen Gesellschaften hat in der Entwicklung von Klassengegensätzen bestanden

Povijest cijelog prošlog društva sastojala se u razvoju klasnih antagonizama

Antagonismen, die in verschiedenen Epochen unterschiedliche Formen annahmen

antagonizmi koji su poprimili različite oblike u različitim epohama

Aber welche Form sie auch immer angenommen haben mögen, eine Tatsache ist allen vergangenen Zeitaltern gemeinsam

Ali kakav god oblik poprimili, jedna je činjenica zajednička svim prošlim vremenima

die Ausbeutung eines Teils der Gesellschaft durch den anderen

iskorištavanje jednog dijela društva od strane drugog

Kein Wunder also, dass sich das gesellschaftliche Bewußtsein vergangener Zeiten innerhalb gewisser allgemeiner Formen oder allgemeiner Vorstellungen bewegt

Stoga nije ni čudo da se društvena svijest prošlih stoljeća kreće unutar određenih zajedničkih oblika ili općih ideja

(und das trotz aller Vielfalt und Vielfalt, die es zeigt)

(i to unatoč svoj mnogostrukosti i raznolikosti koju prikazuje)

Und diese können nur mit dem gänzlichen Verschwinden der Klassengegensätze völlig verschwinden

a oni ne mogu potpuno nestati osim potpunim nestankom klasnih antagonizama

Die kommunistische Revolution ist der radikalste Bruch mit den traditionellen Eigentumsverhältnissen

Komunistička revolucija je najradikalniji raskid s tradicionalnim vlasničkim odnosima

Kein Wunder, dass ihre Entwicklung den radikalsten Bruch mit den traditionellen Vorstellungen mit sich bringt

Nije ni čudo što njegov razvoj uključuje najradikalniji raskid s tradicionalnim idejama

Aber lassen wir die Einwände der Bourgeoisie gegen den Kommunismus hinter uns

Ali završimo s buržoaskim prigovorima komunizmu

Wir haben oben den ersten Schritt der Arbeiterklasse in der Revolution gesehen

Gore smo vidjeli prvi korak u revoluciji radničke klase

Das Proletariat muss zur Herrschaft erhoben werden, um den Kampf der Demokratie zu gewinnen

Proletarijat mora biti uzdignut na poziciju vladajućeg, da bi dobio bitku za demokratiju

Das Proletariat wird seine politische Vorherrschaft benutzen, um der Bourgeoisie nach und nach alles Kapital zu entreißen

Proletarijat će iskoristiti svoju političku nadmoć da postupno otme sav kapital od buržoazije
sie wird alle Produktionsmittel in den Händen des Staates zentralisieren
centralizirat će sve instrumente proizvodnje u rukama države
Mit anderen Worten, das Proletariat organisierte sich als herrschende Klasse
drugim riječima, proletarijat se organizirao kao vladajuća klasa
Und sie wird die Summe der Produktivkräfte so schnell wie möglich vermehren
i povećat će ukupne proizvodne snage što je brže moguće
Natürlich kann dies anfangs nur durch despotische Eingriffe in die Eigentumsrechte geschehen
Naravno, u početku se to ne može postići osim putem despotskih prodora u prava vlasništva
und sie muss unter den Bedingungen der Bourgeoisie Produktion erreicht werden
i to se mora postići u uvjetima buržoaske proizvodnje
Sie wird also durch Maßnahmen erreicht, die wirtschaftlich unzureichend und unhaltbar erscheinen
stoga se postiže mjerama koje se čine ekonomski nedostatnima i neodrživima
aber diese Mittel überflügeln sich im Laufe der Bewegung selbst
ali ta sredstva, tijekom pokreta, nadmašuju sama sebe
sie erfordern weitere Eingriffe in die alte Gesellschaftsordnung
oni zahtijevaju daljnje prodore u stari društveni poredak
und sie sind unvermeidlich, um die Produktionsweise völlig zu revolutionieren
i oni su neizbježni kao sredstvo za potpunu revoluciju načina proizvodnje
Diese Maßnahmen werden natürlich in den verschiedenen Ländern unterschiedlich sein
Te će mjere, naravno, biti različite u različitim zemljama

Nichtsdestotrotz wird in den am weitesten fortgeschrittenen Ländern das Folgende ziemlich allgemein anwendbar sein
Ipak, u najnaprednijim zemljama sljedeće će biti prilično općenito primjenjivo

1. Abschaffung des Grundeigentums und Verwendung aller Grundrenten für öffentliche Zwecke.
1. Ukidanje vlasništva na zemljištu i primjena svih zemljišnih zakupnina u javne svrhe.
2. Eine hohe progressive oder abgestufte Einkommensteuer.
2. Veliki progresivni ili graduirani porez na dohodak.
3. Abschaffung jeglichen Erbrechts.
3. Ukidanje svih prava nasljeđivanja.
4. Konfiskation des Eigentums aller Emigranten und Rebellen.
4. Oduzimanje imovine svih iseljenika i pobunjenika.
5. Zentralisierung des Kredits in den Händen des Staates durch eine Nationalbank mit staatlichem Kapital und ausschließlichem Monopol.
5. Centralizacija kredita u rukama države, putem nacionalne banke s državnim kapitalom i isključivim monopolom.
6. Zentralisierung der Kommunikations- und Transportmittel in den Händen des Staates.
6. Centralizacija sredstava komunikacije i prijevoza u rukama države.
7. Ausbau der Fabriken und Produktionsmittel im Eigentum des Staates
7. Proširenje tvornica i proizvodnih instrumenata u vlasništvu države
die Kultivierung von Ödland und die Verbesserung des Bodens überhaupt nach einem gemeinsamen Plan.
dovođenje pustoši u obrađivanje i poboljšanje tla općenito u skladu sa zajedničkim planom.
8. Gleiche Haftung aller für die Arbeit
8. Jednaka odgovornost svih prema radu

Aufbau von Industriearmeen, vor allem für die Landwirtschaft.
Osnivanje industrijskih vojski, posebno za poljoprivredu.
9. Kombination der Landwirtschaft mit dem verarbeitenden Gewerbe
9. Kombinacija poljoprivrede s prerađivačkom industrijom
allmähliche Aufhebung der Unterscheidung zwischen Stadt und Land durch eine gleichmäßigere Verteilung der Bevölkerung über das Land.
postupno ukidanje razlike između grada i sela, ravnomjernijom raspodjelom stanovništva po zemlji.
10. Kostenlose Bildung für alle Kinder in öffentlichen Schulen.
10. Besplatno obrazovanje za svu djecu u javnim školama.
Abschaffung der Kinderfabrikarbeit in ihrer jetzigen Form
Ukidanje dječjeg tvorničkog rada u sadašnjem obliku
Kombination von Bildung und industrieller Produktion
Kombinacija obrazovanja s industrijskom proizvodnjom
Wenn im Laufe der Entwicklung die Klassenunterschiede verschwunden sind
Kada su, tijekom razvoja, klasne razlike nestale
und wenn die ganze Produktion in den Händen einer ungeheuren Assoziation der ganzen Nation konzentriert ist
i kada je sva proizvodnja koncentrirana u rukama širokog udruženja cijele nacije
dann verliert die Staatsgewalt ihren politischen Charakter
tada će javna vlast izgubiti svoj politički karakter
Politische Macht, eigentlich so genannt, ist nichts anderes als die organisierte Macht einer Klasse, um eine andere zu unterdrücken
Politička moć, u pravom smislu, samo je organizirana moć jedne klase za ugnjetavanje druge
Wenn das Proletariat in seinem Kampf mit der Bourgeoisie durch die Gewalt der Umstände gezwungen ist, sich als Klasse zu organisieren

Ako je proletarijat tijekom svog sukoba s buržoazijom
prisiljen, snagom okolnosti, organizirati se kao klasa
**wenn sie sich durch eine Revolution zur herrschenden
Klasse macht**
ako se pomoću revolucije učini vladajućom klasom
**und als solche fegt sie mit Gewalt die alten
Produktionsbedingungen hinweg**
i, kao takav, silom briše stare uvjete proizvodnje
**dann wird sie mit diesen Bedingungen auch die
Bedingungen für die Existenz der Klassengegensätze und
der Klassen überhaupt hinweggefegt haben**
tada će, zajedno s tim uvjetima, pomesti uvjete za postojanje
klasnih antagonizama i klasa općenito
**und wird damit seine eigene Vorherrschaft als Klasse
aufgehoben haben.**
i time će ukinuti vlastitu nadmoć kao klase.
**An die Stelle der alten Bourgeoisie Gesellschaft mit ihren
Klassen und Klassengegensätzen treten eine Assoziation**
Umjesto starog buržoaskog društva, s njegovim klasama i
klasnim antagonizmima, imat ćemo udruženje
**eine Assoziation, in der die freie Entwicklung eines jeden
die Bedingung für die freie Entwicklung aller ist**
udruga u kojoj je slobodan razvoj svakoga uvjet za slobodan
razvoj svih

1) Reaktionärer Sozialismus
1) Reakcionarni socijalizam

a) Feudaler Sozialismus
a) Feudalni socijalizam

die Aristokratien Frankreichs und Englands hatten eine einzigartige historische Stellung
aristokracije Francuske i Engleske imale su jedinstven povijesni položaj
es wurde zu ihrer Berufung, Pamphlete gegen die moderne Boureoisie Gesellschaft zu schreiben
postao je njihov poziv da pišu pamflete protiv modernog buržoaskog društva
In der französischen Revolution vom Juli 1830 und in der englischen Reformagitation
U Francuskoj revoluciji u srpnju 1830. i u engleskoj reformskoj agitaciji
Diese Aristokratien erlagen wieder dem hasserfüllten Emporkömmling
Te su aristokracije ponovno podlegle mrskom početniku
An eine ernsthafte politische Auseinandersetzung war fortan nicht mehr zu denken
Od tada ozbiljno političko natjecanje nije dolazilo u obzir
Alles, was möglich blieb, war eine literarische Schlacht, keine wirkliche Schlacht
Sve što je ostalo moguće bila je književna bitka, a ne stvarna bitka
Aber auch auf dem Gebiet der Literatur waren die alten Schreie der Restaurationszeit unmöglich geworden
Ali čak i u domeni književnosti stari vapaji iz razdoblja obnove postali su nemogući
Um Sympathie zu erregen, mußte die Aristokratie offenbar ihre eigenen Interessen aus den Augen verlieren
Kako bi pobudila simpatije, aristokracija je bila prisiljena izgubiti iz vida, očito, vlastite interese

und sie waren gezwungen, ihre Anklage gegen die Bourgeoisie im Interesse der ausgebeuteten Arbeiterklasse zu formulieren

i bili su dužni formulirati svoju optužnicu protiv buržoazije u interesu eksploatirane radničke klase

So rächte sich die Aristokratie, indem sie ihren neuen Herrn verspottete

Tako se aristokracija osvetila pjevajući rugalice svom novom gospodaru

Und sie rächten sich, indem sie ihm unheimliche Prophezeiungen über die kommende Katastrophe ins Ohr flüsterten

i osvetili su se šapućući mu na uho zlokobna proročanstva o nadolazećoj katastrofi

So entstand der feudale Sozialismus: halb Klage, halb Spott

Tako je nastao feudalni socijalizam: napola jadikovka, napola podsmijeh

Es klang halb wie ein Echo der Vergangenheit und projizierte halb die Bedrohung der Zukunft

odjekivao je kao napola odjek prošlosti i projicirao napola prijetnju budućnosti

zuweilen traf sie durch ihre bittere, geistreiche und scharfe Kritik die Bourgeoisie bis ins Mark

ponekad, svojom gorkom, duhovitom i oštrom kritikom, pogodio je buržoaziju do same srži

aber es war immer lächerlich in seiner Wirkung, weil es völlig unfähig war, den Gang der neueren Geschichte zu begreifen

Ali uvijek je bio smiješan u svom učinku, zbog potpune nesposobnosti da se shvati marš moderne povijesti

Die Aristokratie schwenkte, um das Volk um sich zu scharen, den proletarischen Almosensack als Banner

Aristokracija je, kako bi okupila narod za njih, mahala proleterskom vrećom milostinje ispred za zastavu

Aber das Volk, so oft es sich zu ihnen gesellte, sah auf seinem Hinterteil die alten Feudalwappen

Ali narod, koji im se često pridruživao, vidio je na stražnjim
nogama stare feudalne grbove
Und sie verließen mit lautem und respektlosem Gelächter
i dezertirali su uz glasan i bezobzirni smijeh
Ein Teil der französischen Legitimisten und des "jungen
Englands" zeigte dieses Schauspiel
Jedan dio francuskih legitimista i "Mlade Engleske" izložio je
ovaj spektakl
die Feudalisten wiesen darauf hin, dass ihre
Ausbeutungsweise eine andere sei als die der Bourgeoisie
feudalisti su istaknuli da je njihov način eksploatacije drugačiji
od buržoazijskog
Die Feudalisten vergessen, dass sie unter ganz anderen
Umständen und Bedingungen ausgebeutet haben
Feudalisti zaboravljaju da su iskorištavali u okolnostima i
uvjetima koji su bili sasvim drugačiji
Und sie haben nicht bemerkt, dass solche Methoden der
Ausbeutung heute veraltet sind
i nisu primijetili da su takve metode eksploatacije sada
zastarjele
Sie zeigten, dass unter ihrer Herrschaft das moderne
Proletariat nie existiert hat
pokazali su da pod njihovom vladavinom moderni proletarijat
nikada nije postojao
aber sie vergessen, daß die moderne Bourgeoisie der
notwendige Sprößling ihrer eigenen Gesellschaftsform ist
ali zaboravljaju da je moderna buržoazija nužan potomak
njihovog vlastitog oblika društva
Im übrigen verbergen sie kaum den reaktionären Charakter
ihrer Kritik
Za ostalo, oni teško skrivaju reakcionarni karakter svoje kritike
ihre Hauptanklage gegen die Bourgeoisie läuft auf
folgendes hinaus
njihova glavna optužba protiv buržoazije iznosi sljedeće
unter dem Boureoisie Regime entwickelt sich eine soziale
Klasse

pod buržoaskim režimom razvija se društvena klasa
Diese soziale Klasse ist dazu bestimmt, die alte
Gesellschaftsordnung an der Wurzel zu zerschneiden
Ovoj društvenoj klasi suđeno je da ukorijeni i razgrana stari
društveni poredak
Womit sie die Bourgeoisie aufpeppen, ist nicht so sehr, dass
sie ein Proletariat schafft
Ono čime oni vrijeđaju buržoaziju nije toliko da stvara
proletarijat
womit sie die Bourgeoisie aufpeppen, ist mehr, dass sie ein
revolutionäres Proletariat schafft
ono čime oni vrijeđaju buržoaziju je više da stvara
revolucionarni proletarijat
In der politischen Praxis beteiligen sie sich daher an allen
Zwangsmaßnahmen gegen die Arbeiterklasse
U političkoj praksi, stoga, oni se pridružuju svim prisilnim
mjerama protiv radničke klase
Und im gewöhnlichen Leben bücken sie sich, trotz ihrer
hochtrabenden Phrasen, um die goldenen Äpfel
aufzuheben, die vom Baum der Industrie fallen gelassen
wurden
i u običnom životu, unatoč svojim uzvišenim frazama,
spuštaju se kako bi pokupili zlatne jabuke ispuštene sa stabla
industrije
Und sie tauschen Wahrheit, Liebe und Ehre gegen den
Handel mit Wolle, Rote-Bete-Zucker und Kartoffelbränden
i trampe istinu, ljubav i čast za trgovinu vunom, šećerom od
cikle i alkoholnim pićima od krumpira
Wie der Pfarrer immer Hand in Hand mit dem Gutsherrn
gegangen ist, so ist es der klerikale Sozialismus mit dem
feudalen Sozialismus getan
Kao što je župnik uvijek išao ruku pod ruku sa
zemljoposjednikom, tako je i klerikalni socijalizam s feudalnim
socijalizmom
Nichts ist leichter, als der christlichen Askese einen
sozialistischen Anstrich zu geben

Ništa nije lakše nego kršćanskom asketizmu dati socijalističku nijansu

Hat nicht das Christentum gegen das Privateigentum, gegen die Ehe, gegen den Staat deklamiert?

Nije li se kršćanstvo proglasilo protiv privatnog vlasništva, protiv braka, protiv države?

Hat das Christentum nicht an die Stelle dieser Nächstenliebe und Armut getreten?

Nije li kršćanstvo propovijedalo umjesto njih, milosrđe i siromaštvo?

Predigt das Christentum nicht den Zölibat und die Abtötung des Fleisches, das monastische Leben und die Mutter Kirche?

Ne propovijeda li kršćanstvo celibat i mrtvljenje tijela, monaški život i Majku Crkvu?

Der christliche Sozialismus ist nur das Weihwasser, mit dem der Priester das Herzbrennen des Aristokraten weiht

Kršćanski socijalizam je samo sveta voda kojom svećenik posvećuje goruće srce aristokrata

b) Kleinbürgerlicher Sozialismus
b) Maloburžoaski socijalizam

**Die feudale Aristokratie war nicht die einzige Klasse, die
von der Bourgeoisie ruiniert wurde**
Feudalna aristokracija nije bila jedina klasa koju je uništila
buržoazija
**sie war nicht die einzige Klasse, deren Existenzbedingungen
in der Atmosphäre der modernen Bourgeoisie Gesellschaft
schmachten und zugrunde gingen**
to nije bila jedina klasa čiji su uvjeti postojanja čeznuli i
nestajali u atmosferi modernog buržoaskog društva
**Die mittelalterliche Bürgerschaft und die kleinbäuerlichen
Eigentümer waren die Vorläufer des modernen Bourgeoisie**
Srednjovjekovni građani i mali seljački vlasnici bili su preteče
moderne buržoazije
**In den Ländern, die industriell und kommerziell nur wenig
entwickelt sind, vegetieren diese beiden Klassen noch Seite
an Seite**
U onim zemljama koje su tek malo razvijene, industrijski i
komercijalno, ove dvije klase još uvijek vegetiraju jedna uz
drugu
**und in der Zwischenzeit erhebt sich die Bourgeoisie neben
ihnen: industriell, kommerziell und politisch**
a u međuvremenu se buržoazija uzdiže pored njih:
industrijski, komercijalno i politički
**In den Ländern, in denen die moderne Zivilisation voll
entwickelt ist, hat sich eine neue Klasse des
Kleinbourgeoisie gebildet**
U zemljama u kojima je moderna civilizacija postala potpuno
razvijena, formirana je nova klasa sitne buržoazije
**diese neue soziale Klasse schwankt zwischen Proletariat
und Bourgeoisie**
ova nova društvena klasa oscilira između proletarijata i
buržoazije

und sie erneuert sich ständig als ergänzender Teil der Bourgeoisie Gesellschaft

i uvijek se obnavlja kao dopunski dio buržoaskog društva

Die einzelnen Glieder dieser Klasse aber werden fortwährend in das Proletariat hinabgeschleudert

Pojedini članovi ove klase, međutim, stalno su bačeni u proletarijat

sie werden vom Proletariat durch die Einwirkung der Konkurrenz aufgesaugt

Proletarijat ih usisava djelovanjem konkurencije

In dem Maße, wie sich die moderne Industrie entwickelt, sehen sie sogar den Augenblick herannahen, in dem sie als eigenständiger Teil der modernen Gesellschaft völlig verschwinden wird

Kako se moderna industrija razvija, oni čak vide da se približava trenutak kada će potpuno nestati kao neovisan dio modernog društva

Sie werden in der Manufaktur, in der Landwirtschaft und im Handel durch Aufseher, Gerichtsvollzieher und Krämer ersetzt werden

Zamijenit će ih, u manufakturama, poljoprivredi i trgovini, nadzornici, sudski izvršitelji i trgovci

In Ländern wie Frankreich, wo die Bauern weit mehr als die Hälfte der Bevölkerung ausmachen

U zemljama poput Francuske, gdje seljaci čine daleko više od polovice stanovništva

es war natürlich, dass es Schriftsteller gab, die sich auf die Seite des Proletariats gegen die Bourgeoisie stellten

bilo je prirodno da postoje pisci koji su stali na stranu proletarijata protiv buržoazije

in ihrer Kritik am Bourgeoisie Regime benutzten sie den Maßstab des Bauern- und Kleinbourgeoisie

u svojoj kritici buržoaskog režima koristili su standard seljačke i sitne buržoazije

Und vom Standpunkt dieser Zwischenklassen aus ergreifen sie die Keule für die Arbeiterklasse

i sa stajališta ovih srednjih klasa oni preuzimaju batine za
radničku klasu
So entstand der Kleinbourgeoisie Sozialismus, dessen
Haupt Sismondi nicht nur in Frankreich, sondern auch in
England war
Tako je nastao maloburžoaski socijalizam, čiji je Sismondi bio
na čelu ove škole, ne samo u Francuskoj nego i u Engleskoj
Diese Schule des Sozialismus sezierte mit großer Schärfe die
Widersprüche in den Bedingungen der modernen
Produktion
Ova škola socijalizma s velikom je oštrinom secirala
proturječja u uvjetima moderne proizvodnje
Diese Schule entlarvte die heuchlerischen
Entschuldigungen der Ökonomen
Ova je škola razotkrila licemjerne isprike ekonomista
Diese Schule bewies unwiderlegbar die verheerenden
Auswirkungen der Maschinerie und der Arbeitsteilung
Ova je škola dokazala, nepobitno, katastrofalne učinke
strojeva i podjele rada
Es bewies die Konzentration von Kapital und Grund und
Boden in wenigen Händen
dokazao je koncentraciju kapitala i zemlje u nekoliko ruku
sie bewies, wie Überproduktion zu Bourgeoisie-Krisen führt
dokazao je kako prekomjerna proizvodnja dovodi do
buržoaske krize
sie wies auf den unvermeidlichen Ruin des
Kleinbourgeoisie' und der Bauern hin
ukazao je na neizbježnu propast sitne buržoazije i seljaka
das Elend des Proletariats, die Anarchie in der Produktion,
die schreiende Ungleichheit in der Verteilung des
Reichtums
bijeda proletarijata, anarhija u proizvodnji, nejednakosti u
raspodjeli bogatstva
Er zeigte, wie das Produktionssystem den industriellen
Vernichtungskrieg zwischen den Nationen führt

Pokazao je kako sustav proizvodnje vodi industrijski rat
istrebljenja među narodima
**die Auflösung der alten sittlichen Bande, der alten
Familienverhältnisse, der alten Nationalitäten**
raspad starih moralnih veza, starih obiteljskih odnosa, starih
nacionalnosti
**In ihren positiven Zielen strebt diese Form des Sozialismus
jedoch eines von zwei Dingen an**
U svojim pozitivnim ciljevima, međutim, ovaj oblik
socijalizma teži postizanju jedne od dvije stvari
**Entweder zielt sie darauf ab, die alten Produktions- und
Tauschmittel wiederherzustellen**
ili ima za cilj obnoviti stara sredstva proizvodnje i razmjene
**und mit den alten Produktionsmitteln würde sie die alten
Eigentumsverhältnisse und die alte Gesellschaft
wiederherstellen**
i sa starim sredstvima za proizvodnju obnovio bi stare
vlasničke odnose, i staro društvo
**oder sie zielt darauf ab, die modernen Produktions- und
Austauschmittel in den alten Rahmen der
Eigentumsverhältnisse zu zwängen**
ili ima za cilj stisnuti suvremena sredstva proizvodnje i
razmjene u stari okvir vlasničkih odnosa
In beiden Fällen ist es sowohl reaktionär als auch utopisch
U oba slučaja, ona je i reakcionarna i utopijska
**Seine letzten Worte lauten: Korporativzünfte für die
Manufaktur, patriarchalische Verhältnisse in der
Landwirtschaft**
Njegove posljednje riječi su: korporativni cehovi za
manufakturu, patrijarhalni odnosi u poljoprivredi
**Schließlich, als hartnäckige historische Tatsachen alle
berauschenden Wirkungen der Selbsttäuschung zerstreut
hatten,**
U konačnici, kada su tvrdoglave povijesne činjenice raspršile
sve opojne učinke samoobmane

diese Form des Sozialismus endete in einem elenden Anfall von Mitleid
ovaj oblik socijalizma završio je bijednim napadom sažaljenja

c) Deutscher oder "wahrer" Sozialismus
c) njemački ili "pravi" socijalizam

Die sozialistische und kommunistische Literatur Frankreichs entstand unter dem Druck einer herrschenden Bourgeoisie
Socijalistička i komunistička književnost Francuske nastala je pod pritiskom buržoazije na vlasti
Und diese Literatur war der Ausdruck des Kampfes gegen diese Macht
a ova je literatura bila izraz borbe protiv te sile
sie wurde in Deutschland zu einer Zeit eingeführt, als die Bourgeoisie gerade ihren Kampf mit dem feudalen Absolutismus begonnen hatte
uvedena je u Njemačku u vrijeme kada je buržoazija tek započela svoje natjecanje s feudalnim apsolutizmom
Deutsche Philosophen, Möchtegern-Philosophen und Beaux Esprits griffen begierig zu dieser Literatur
Njemački filozofi, potencijalni filozofi i lijepi duhovi, željno su se uhvatili ove literature
aber sie vergaßen, daß die Schriften aus Frankreich nach Deutschland einwanderten, ohne die französischen Gesellschaftsverhältnisse mitzubringen
ali su zaboravili da su spisi emigrirali iz Francuske u Njemačku, a da nisu donijeli francuske društvene uvjete
Im Kontakt mit den deutschen gesellschaftlichen Verhältnissen verlor diese französische Literatur ihre unmittelbare praktische Bedeutung
U dodiru s njemačkim društvenim prilikama, ova francuska književnost izgubila je sav svoj neposredni praktični značaj

und die kommunistische Literatur Frankreichs nahm in deutschen akademischen Kreisen einen rein literarischen Aspekt an

a komunistička književnost Francuske poprimila je čisto književni aspekt u njemačkim akademskim krugovima

So waren die Forderungen der ersten Französischen Revolution nichts anderes als die Forderungen der "praktischen Vernunft"

Dakle, zahtjevi prve Francuske revolucije nisu bili ništa drugo nego zahtjevi "praktičnog razuma"

und die Willensäußerung der revolutionären französischen Bourgeoisie bedeutete in ihren Augen das Gesetz des reinen Willens

a izricanje volje revolucionarne francuske buržoazije označavalo je u njihovim očima zakon čiste volje

es bedeutete den Willen, wie er sein mußte; des wahren menschlichen Willens überhaupt

označavala je volju kakva je morala biti; istinske ljudske volje općenito

Die Welt der deutschen Literaten bestand einzig und allein darin, die neuen französischen Ideen mit ihrem alten philosophischen Gewissen in Einklang zu bringen

Svijet njemačkih književnika sastojao se isključivo u usklađivanju novih francuskih ideja s njihovom drevnom filozofskom sviješću

oder vielmehr, sie annektierten die französischen Ideen, ohne ihren eigenen philosophischen Standpunkt aufzugeben

ili bolje rečeno, anektirali su francuske ideje bez napuštanja vlastitog filozofskog gledišta

Diese Annexion vollzog sich auf die gleiche Weise, wie man sich eine Fremdsprache aneignet, nämlich durch Übersetzung

To je pripajanje izvršeno na isti način na koji se prisvaja strani jezik, odnosno prijevodom

Es ist bekannt, wie die Mönche alberne Leben katholischer Heiliger über Manuskripte schrieben

Dobro je poznato kako su redovnici preko rukopisa pisali glupe živote katoličkih svetaca

die Manuskripte, auf denen die klassischen Werke des antiken Heidentums geschrieben waren

rukopisi na kojima su napisana klasična djela drevnog poganstva

Die deutschen Literaten kehrten diesen Prozess mit der profanen französischen Literatur um

Njemački književnici preokrenuli su ovaj proces s profanom francuskom književnošću

Sie schrieben ihren philosophischen Unsinn unter das französische Original

Svoje filozofske gluposti napisali su ispod francuskog originala

Zum Beispiel schrieben sie unter der französischen Kritik an den ökonomischen Funktionen des Geldes "Entfremdung der Menschheit"

Na primjer, ispod francuske kritike ekonomskih funkcija novca, napisali su "Otuđenje čovječanstva"

unter die französische Kritik am Bourgeoisie Staat schrieben sie "Entthronung der Kategorie des Generals"

ispod francuske kritike buržoaske države napisali su "svrgavanje kategorije generala"

Die Einführung dieser philosophischen Phrasen hinter der französischen Geschichtskritik nannten sie:

Uvođenje ovih filozofskih fraza na poleđini francuske povijesne kritike nazvali su:

"Philosophie des Handelns", "Wahrer Sozialismus", "Deutsche Sozialismuswissenschaft", "Philosophische Grundlagen des Sozialismus" und so weiter

"Filozofija djelovanja", "Istinski socijalizam", "Njemačka znanost o socijalizmu", "Filozofski temelj socijalizma" i tako dalje

Die französische sozialistische und kommunistische
Literatur wurde damit völlig entmannt
Francuska socijalistička i komunistička književnost tako je
potpuno kastrirana
in den Händen der deutschen Philosophen hörte sie auf, den
Kampf der einen Klasse mit der anderen auszudrücken
u rukama njemačkih filozofa prestala je izražavati borbu jedne
klase s drugom
und so fühlten sich die deutschen Philosophen bewußt, die
"französische Einseitigkeit" überwunden zu haben
i tako su njemački filozofi bili svjesni da su prevladali
"francusku jednostranost"
Sie musste keine wahren Forderungen repräsentieren,
sondern sie repräsentierte Forderungen der Wahrheit
nije morao predstavljati istinske zahtjeve, već je predstavljao
zahtjeve istine
es gab kein Interesse am Proletariat, sondern an der
menschlichen Natur
nije bilo interesa za proletarijat, već je postojao interes za
ljudsku prirodu
das Interesse galt dem Menschen überhaupt, der keiner
Klasse angehört und keine Wirklichkeit hat
interes je bio za čovjeka općenito, koji ne pripada nijednoj klasi
i nema stvarnost
ein Mann, der nur im nebligen Reich der philosophischen
Fantasie existiert
čovjek koji postoji samo u maglovitom carstvu filozofske
fantazije
aber schließlich verlor auch dieser deutsche
Schulsozialismus seine pedantische Unschuld
ali na kraju je i ovaj školski njemački socijalizam izgubio svoju
pedantnu nevinost
die deutsche Bourgeoisie und besonders die preußische
Bourgeoisie kämpfte gegen die feudale Aristokratie
njemačka buržoazija, a posebno pruska buržoazija borila se
protiv feudalne aristokracije

auch die absolute Monarchie Deutschlands und Preußens wurde bekämpft

apsolutna monarhija Njemačke i Pruske također je bila protiv

Und im Gegenzug wurde auch die Literatur der liberalen Bewegung ernster

A zauzvrat, književnost liberalnog pokreta također je postala ozbiljnija

Deutschlands lang ersehnte Chance auf einen "wahren" Sozialismus wurde geboten

Ponuđena je dugo željena prilika Njemačke za "pravi" socijalizam

die Möglichkeit, die politische Bewegung mit den sozialistischen Forderungen zu konfrontieren

mogućnost suočavanja političkog pokreta sa socijalističkim zahtjevima

die Gelegenheit, die traditionellen Bannsprüche gegen den Liberalismus zu schleudern

Prilika da se bace tradicionalne anateme protiv liberalizma

die Möglichkeit, die repräsentative Regierung und die Bourgeoisie Konkurrenz anzugreifen

prilika za napad na predstavničku vladu i buržoasku konkurenciju

Pressefreiheit der Bourgeoisie, Bourgeoisie Gesetzgebung, Bourgeoisie Freiheit und Gleichheit

Buržoaska sloboda tiska, buržoasko zakonodavstvo, buržoaska sloboda i jednakost

All dies könnte nun in der realen Welt kritisiert werden, anstatt in der Fantasie

sve bi se to sada moglo kritizirati u stvarnom svijetu, a ne u fantaziji

Feudalaristokratie und absolute Monarchie hatten den Massen lange gepredigt

Feudalna aristokracija i apsolutna monarhija dugo su propovijedale masama

"Der Arbeiter hat nichts zu verlieren und er hat alles zu gewinnen"

"Radni čovjek nema što izgubiti, a ima sve za dobiti"
auch die Bourgeoisie bewegung bot eine Chance, sich mit diesen Plattitüden auseinanderzusetzen
buržoaski pokret također je ponudio priliku da se suoči s tim floskulama
die französische Kritik setzte die Existenz der modernen Bourgeoisie Gesellschaft voraus
francuska kritika pretpostavljala je postojanje modernog buržoaskog društva
Bourgeoisie, ökonomische Existenzbedingungen und Bourgeoisie politische Verfassung
Buržoaski ekonomski uvjeti postojanja i buržoaski politički ustav
gerade die Dinge, deren Errungenschaft Gegenstand des in Deutschland anstehenden Kampfes war
upravo one stvari čije je postignuće bilo predmet nadolazeće borbe u Njemačkoj
Deutschlands albernes Echo des Sozialismus hat diese Ziele gerade noch rechtzeitig aufgegeben
Njemački glupi odjek socijalizma napustio je ove ciljeve u pravo vrijeme
Die absoluten Regierungen hatten ihre Gefolgschaft aus Pfarrern, Professoren, Landjunkern und Beamten
Apsolutne vlade imale su svoje sljedbenike župnike, profesore, seoske štitonoše i dužnosnike
die damalige Regierung begegnete den deutschen Arbeiteraufständen mit Auspeitschungen und Kugeln
tadašnja vlada dočekala je njemačke radničke ustanke bičevanjem i mecima
ihnen diente dieser Sozialismus als willkommene Vogelscheuche gegen die drohende Bourgeoisie
za njih je ovaj socijalizam služio kao dobrodošlo strašilo protiv prijeteće buržoazije
und die deutsche Regierung konnte nach den bitteren Pillen, die sie austeilte, ein süßes Dessert anbieten

a njemačka vlada mogla je ponuditi slatki desert nakon gorkih
tableta koje je podijelila

dieser "wahre" Sozialismus diente also den Regierungen als
Waffe im Kampf gegen die deutsche Bourgeoisie
ovaj "pravi" socijalizam je tako služio vladama kao oružje u
borbi protiv njemačke buržoazije

und gleichzeitig repräsentierte sie direkt ein reaktionäres
Interesse; die der deutschen Philister
i, u isto vrijeme, izravno je predstavljala reakcionarni interes;
onaj njemačkih Filistejaca

In Deutschland ist das Kleinbourgeoisie die wirkliche
gesellschaftliche Grundlage des bestehenden Zustandes
U Njemačkoj je sitna buržoaska klasa stvarna društvena
osnova postojećeg stanja stvari

Ein Relikt des sechzehnten Jahrhunderts, das immer wieder
in verschiedenen Formen auftaucht
relikvija šesnaestog stoljeća koja se neprestano pojavljuje u
različitim oblicima

Diese Klasse zu bewahren bedeutet, den bestehenden
Zustand in Deutschland zu bewahren
Očuvati ovu klasu znači očuvati postojeće stanje stvari u
Njemačkoj

Die industrielle und politische Vorherrschaft der
Bourgeoisie bedroht das KleinBourgeoisie mit der sicheren
Vernichtung
Industrijska i politička nadmoć buržoazije prijeti sitnoj
buržoaziji sigurnom destrukcijom

auf der einen Seite droht sie das Kleinbourgeoisiedurch die
Konzentration des Kapitals zu vernichten
s jedne strane, prijeti da će uništiti sitnu buržoaziju kroz
koncentraciju kapitala

auf der anderen Seite droht die Bourgeoisie, sie durch den
Aufstieg eines revolutionären Proletariats zu zerstören
s druge strane, buržoazija prijeti da će je uništiti usponom
revolucionarnog proletarijata

Der "wahre" Sozialismus schien diese beiden Fliegen mit einer Klappe zu schlagen. Es breitete sich wie eine Epidemie aus

Činilo se da je "pravi" socijalizam ubio ove dvije muhe jednim udarcem. Proširio se poput epidemije

Das Gewand spekulativer Spinnweben, bestickt mit Blumen der Rhetorik, durchtränkt vom Tau kränklicher Gefühle

Ogrtač od spekulativne paučine, izvezeni cvijećem retorike, natopljen rosom bolesnog osjećaja

dieses transzendentale Gewand, in das die deutschen Sozialisten ihre traurigen "ewigen Wahrheiten" hüllten

ovu transcendentalnu haljinu u koju su njemački socijalisti umotali svoje žalosne "vječne istine"

alle Haut und Knochen, dienten dazu, den Absatz ihrer Waren bei einem solchen Publikum wunderbar zu vermehren.

sve kože i kostiju, poslužile su za čudesno povećanje prodaje njihove robe među takvom javnošću

Und der deutsche Sozialismus seinerseits erkannte mehr und mehr seine eigene Berufung

A sa svoje strane, njemački socijalizam je sve više i više priznavao svoj vlastiti poziv

sie war berufen, die bombastische Vertreterin des Kleinbourgeoisie Philisters zu sein

nazvan je bombastičnim predstavnikom maloburžoaskog Filistejca

Sie proklamierte die deutsche Nation als Musternation und den deutschen Kleinphilister als Mustermann

Proglasio je njemački narod uzornim narodom, a njemački sitni Filistejac uzornim čovjekom

Jeder schurkischen Gemeinheit dieses Mustermenschen gab sie eine verborgene, höhere, sozialistische Deutung

Svakoj zlobnoj podlosti ovog uzornog čovjeka davala je skriveno, više, socijalističko tumačenje

diese höhere, sozialistische Deutung war das genaue Gegenteil ihres wirklichen Charakters

ovo više, socijalističko tumačenje bilo je upravo suprotno
njegovom stvarnom karakteru
**Sie ging so weit, sich der "brutal destruktiven" Tendenz des
Kommunismus direkt entgegenzustellen**
Otišao je do krajnjih granica da se izravno suprotstavi
"brutalno destruktivnoj" tendenciji komunizma
**und sie proklamierte ihre höchste und unparteiische
Verachtung aller Klassenkämpfe**
i proglasio je svoj vrhovni i nepristrani prezir prema svim
klasnim borbama
**Mit sehr wenigen Ausnahmen gehören alle sogenannten
sozialistischen und kommunistischen Publikationen, die
jetzt (1847) in Deutschland zirkulieren, in den Bereich dieser
üblen und entnervenden Literatur**
Uz vrlo malo iznimaka, sve takozvane socijalističke i
komunističke publikacije koje sada (1847.) kruže u Njemačkoj
pripadaju domeni ove prljave i iscrpljujuće literature

2) Konservativer Sozialismus oder bürgerlicher Sozialismus
2) Konzervativni socijalizam ili buržoaski socijalizam

Ein Teil der Bourgeoisie will soziale Missstände beseitigen
Dio buržoazije želi ispraviti društvene pritužbe
um den Fortbestand der Bourgeoisie Gesellschaft zu sichern
kako bi se osiguralo daljnje postojanje buržoaskog društva
Zu dieser Sektion gehören Ökonomen, Philanthropen,
Menschenfreunde
U ovaj odjeljak spadaju ekonomisti, filantropi, humanitarci
Verbesserer der Lage der Arbeiterklasse und Organisatoren
der Wohltätigkeit
poboljšivači stanja radničke klase i organizatori dobrotvornih
radnji
Mitglieder von Gesellschaften zur Verhütung von
Tierquälerei
članovi društava za sprječavanje okrutnosti prema životinjama
Mäßigkeitsfanatiker, Loch-und-Ecken-Reformer aller
erdenklichen Art
fanatici umjerenosti, reformatori rupa i uglova svih zamislivih
vrsta
Diese Form des Sozialismus ist überdies zu vollständigen
Systemen ausgearbeitet worden
Ovaj oblik socijalizma je, štoviše, razrađen u potpune sustave
Als Beispiel für diese Form sei Proudhons "Philosophie de
la Misère" angeführt
Možemo navesti Proudhonovu "Philosophie de la Misère" kao
primjer ove forme
Die sozialistische Bourgeoisie will alle Vorteile der
modernen gesellschaftlichen Verhältnisse
Socijalistička buržoazija želi sve prednosti modernih
društvenih uvjeta
aber die sozialistische Bourgeoisie will nicht unbedingt die
daraus resultierenden Kämpfe und Gefahren
ali socijalistička buržoazija ne želi nužno posljedične borbe i
opasnosti

Sie wollen den bestehenden Zustand der Gesellschaft, abzüglich ihrer revolutionären und zerfallenden Elemente
Oni žele postojeće stanje društva, bez njegovih revolucionarnih i dezintegrirajućih elemenata
mit anderen Worten, sie wünschen sich eine Bourgeoisie ohne Proletariat
drugim riječima, oni žele buržoaziju bez proletarijata
Die Bourgeoisie begreift natürlich die Welt, in der sie die höchste ist, die Beste zu sein
Buržoazija prirodno shvaća svijet u kojem je vrhovno biti najbolji
und der Bourgeoisie Sozialismus entwickelt diese bequeme Auffassung zu verschiedenen mehr oder weniger vollständigen Systemen
a buržoaski socijalizam razvija ovu ugodnu koncepciju u različite više ili manje cjelovite sustave
sie wünschen sich sehr, dass das Proletariat geradewegs in das soziale Neue Jerusalem marschiert
oni bi jako voljeli da proletarijat odmah umaršira u socijalni Novi Jeruzalem
Aber in Wirklichkeit verlangt sie, dass das Proletariat innerhalb der Grenzen der bestehenden Gesellschaft bleibt
ali u stvarnosti zahtijeva od proletarijata da ostane unutar granica postojećeg društva
sie fordern das Proletariat auf, alle seine hasserfüllten Ideen über die Bourgeoisie abzulegen
oni traže od proletarijata da odbaci sve njihove mrske ideje o buržoaziji
es gibt eine zweite, praktischere, aber weniger systematische Form dieses Sozialismus
postoji drugi praktičniji, ali manje sustavni oblik ovog socijalizma
Diese Form des Sozialismus versuchte, jede revolutionäre Bewegung in den Augen der Arbeiterklasse abzuwerten
Ovaj oblik socijalizma nastojao je obezvrijediti svaki revolucionarni pokret u očima radničke klase

Sie argumentieren, dass keine bloße politische Reform für sie von Vorteil sein könnte
Oni tvrde da im nikakva politička reforma ne bi mogla biti od koristi
nur eine Veränderung der materiellen Existenzbedingungen in den wirtschaftlichen Beziehungen ist von Nutzen
koristi samo promjena materijalnih uvjeta postojanja u ekonomskim odnosima
Wie der Kommunismus tritt auch diese Form des Sozialismus für eine Veränderung der materiellen Existenzbedingungen ein
Poput komunizma, ovaj oblik socijalizma zagovara promjenu materijalnih uvjeta postojanja
Diese Form des Sozialismus bedeutet jedoch keineswegs, dass die Bourgeoisie Produktionsverhältnisse abgeschafft werden
međutim, ovaj oblik socijalizma nikako ne sugerira ukidanje buržoaskih proizvodnih odnosa
die Abschaffung der Bourgeoisie Produktionsverhältnisse kann nur durch eine Revolution erreicht werden
ukidanje buržoaskih odnosa proizvodnje može se postići samo revolucijom
Doch statt einer Revolution schlägt diese Form des Sozialismus Verwaltungsreformen vor
Ali umjesto revolucije, ovaj oblik socijalizma predlaže administrativne reforme
und diese Verwaltungsreformen würden auf dem Fortbestand dieser Beziehungen beruhen
a te administrativne reforme temeljile bi se na daljnjem postojanju tih odnosa
Reformen, die in keiner Weise die Beziehungen zwischen Kapital und Arbeit berühren
reforme, dakle, koje ni u kojem pogledu ne utječu na odnose između kapitala i rada

im besten Fall verringern solche Reformen die Kosten und vereinfachen die Verwaltungsarbeit der Bourgeoisie Regierung

u najboljem slučaju, takve reforme smanjuju troškove i pojednostavljuju administrativni rad buržoaske vlade

Der Bourgeoisie Sozialismus kommt dann und nur dann adäquat zum Ausdruck, wenn er zur bloßen Redewendung wird

Buržoaski socijalizam postiže adekvatan izraz, kada i samo kada postane puka figura govora

Freihandel: zum Wohle der Arbeiterklasse

Slobodna trgovina: u korist radničke klase

Schutzpflichten: zum Wohle der Arbeiterklasse

Zaštitne dužnosti: u korist radničke klase

Gefängnisreform: zum Wohle der Arbeiterklasse

Zatvorska reforma: za dobrobit radničke klase

Das ist das letzte Wort und das einzig ernst gemeinte Wort des Bourgeoisie Sozialismus

Ovo je posljednja riječ i jedina ozbiljno zamišljena riječ buržoaskog socijalizma

Sie ist in dem Satz zusammengefasst: Die Bourgeoisie ist eine Bourgeoisie zum Wohle der Arbeiterklasse

Sažeto je u frazi: buržoazija je buržoazija u korist radničke klase

3) Kritisch-utopischer Sozialismus und Kommunismus
3) Kritičko-utopijski socijalizam i komunizam

Wir beziehen uns hier nicht auf jene Literatur, die den Forderungen des Proletariats immer eine Stimme gegeben hat
Ovdje se ne pozivamo na onu literaturu koja je uvijek davala glas zahtjevima proletarijata
dies war in jeder großen modernen Revolution vorhanden, wie z. B. in den Schriften von Babeuf und anderen
to je bilo prisutno u svakoj velikoj modernoj revoluciji, kao što su spisi Babeufa i drugih
Die ersten unmittelbaren Versuche des Proletariats, seine eigenen Ziele zu erreichen, scheiterten notwendigerweise
Prvi izravni pokušaji proletarijata da postigne svoje ciljeve nužno su propali.
Diese Versuche wurden in Zeiten allgemeiner Aufregung unternommen, als die feudale Gesellschaft gestürzt wurde
Ti su pokušaji učinjeni u vrijeme sveopćeg uzbuđenja, kada je feudalno društvo bilo svrgavanje
Der damals noch unterentwickelte Zustand des Proletariats führte zum Scheitern dieser Versuche
tada nerazvijeno stanje proletarijata dovelo je do toga da ti pokušaji nisu uspjeli
und sie scheiterten am Fehlen der wirtschaftlichen Voraussetzungen für ihre Emanzipation
i nisu uspjeli zbog nepostojanja ekonomskih uvjeta za njegovu emancipaciju
Bedingungen, die erst noch geschaffen werden mussten und die durch die bevorstehende Epoche der Bourgeoisie allein hervorgebracht werden konnten
uvjeti koji su tek trebali biti proizvedeni, a mogli bi biti proizvedeni samo nadolazećom buržoaskom epohom
Die revolutionäre Literatur, die diese ersten Bewegungen des Proletariats begleitete, hatte notwendigerweise einen reaktionären Charakter

Revolucionarna literatura koja je pratila ove prve pokrete
proletarijata nužno je imala reakcionarni karakter

**Diese Literatur schärfte universelle Askese und soziale
Nivellierung in ihrer gröbsten Form ein**
Ova je literatura usađivala univerzalni asketizam i društveno
izjednačavanje u svom najgrubljem obliku

**Die sozialistischen und kommunistischen Systeme, die man
eigentlich so nennt, entstehen in der frühen unentwickelten
Periode**
Socijalistički i komunistički sustavi, u pravom smislu zvani,
nastali su u ranom nerazvijenom razdoblju

**Saint-Simon, Fourier, Owen und andere beschrieben den
Kampf zwischen Proletariat und Bourgeoisie (siehe
Abschnitt 1)**
Saint-Simon, Fourier, Owen i drugi opisali su borbu između
proletarijata i buržoazije (vidi odjeljak 1)

**Die Begründer dieser Systeme sehen in der Tat die
Klassengegensätze**
Utemeljitelji ovih sustava doista vide klasne antagonizme

**Sie sehen auch das Wirken der sich zersetzenden Elemente
in der herrschenden Gesellschaftsform**
oni također vide djelovanje elemenata koji se raspadaju, u
prevladavajućem obliku društva

**Aber das Proletariat, das noch in den Kinderschuhen steckt,
bietet ihnen das Schauspiel einer Klasse ohne jede
historische Initiative**
Ali proletarijat im još uvijek u povojima nudi spektakl klase
bez ikakve povijesne inicijative

**Sie sehen das Schauspiel einer sozialen Klasse ohne
unabhängige politische Bewegung**
oni vide spektakl društvene klase bez ikakvog neovisnog
političkog pokreta

**Die Entwicklung des Klassengegensatzes hält mit der
Entwicklung der Industrie Schritt**
Razvoj klasnog antagonizma ide ujednačeno s razvojem
industrije

Die ökonomische Lage bietet ihnen also noch nicht die materiellen Bedingungen für die Befreiung des Proletariats

Dakle, ekonomska situacija im još uvijek ne nudi materijalne uvjete za emancipaciju proletarijata

Sie suchen also nach einer neuen Sozialwissenschaft, nach neuen sozialen Gesetzen, die diese Bedingungen schaffen sollen

Oni stoga traže novu društvenu znanost, nove društvene zakone, koji će stvoriti te uvjete

historisches Handeln besteht darin, sich ihrem persönlichen erfinderischen Handeln zu beugen

povijesno djelovanje je popuštanje njihovom osobnom inventivnom djelovanju

Historisch geschaffene Emanzipationsbedingungen sollen phantastischen Verhältnissen weichen

povijesno stvoreni uvjeti emancipacije trebaju se prepustiti fantastičnim uvjetima

und die allmähliche, spontane Klassenorganisation des Proletariats soll der Organisation der Gesellschaft weichen

a postupna, spontana klasna organizacija proletarijata treba popustiti organizaciji društva

die Organisation der Gesellschaft, die von diesen Erfindern eigens ersonnen wurde

organizacija društva koju su posebno izmislili ovi izumitelji

Die zukünftige Geschichte löst sich in ihren Augen in die Propaganda und die praktische Durchführung ihrer sozialen Pläne auf

Buduća povijest se u njihovim očima razrješava u propagandi i praktičnom provođenju njihovih društvenih planova

Bei der Ausarbeitung ihrer Pläne sind sie sich bewußt, daß sie sich in erster Linie um die Interessen der Arbeiterklasse kümmern

U oblikovanju svojih planova svjesni su da se uglavnom brinu za interese radničke klase

Nur unter dem Gesichtspunkt, die leidendste Klasse zu sein, existiert das Proletariat für sie

Samo sa stanovišta da su klasa koja najviše pati, proletarijat postoji za njih

Der unentwickelte Zustand des Klassenkampfes und ihre eigene Umgebung prägen ihre Meinungen

Nerazvijeno stanje klasne borbe i vlastita okolina oblikuju njihova mišljenja

Sozialisten dieser Art halten sich allen Klassengegensätzen weit überlegen

Socijalisti ove vrste smatraju se daleko superiornijima od svih klasnih antagonizama

Sie wollen die Lage jedes Mitglieds der Gesellschaft verbessern, auch die der Begünstigten

Oni žele poboljšati stanje svakog člana društva, čak i onog najpovlaštenijeg

Daher appellieren sie gewöhnlich an die Gesellschaft als Ganzes, ohne Unterschied der Klasse

Stoga se obično obraćaju društvu u cjelini, bez razlike u klasi

Ja, sie appellieren an die Gesellschaft als Ganzes, indem sie die herrschende Klasse bevorzugen

štoviše, oni se obraćaju društvu u cjelini preferirajući vladajuću klasu

Für sie ist alles, was es braucht, dass andere ihr System verstehen

Njima je potrebno samo da drugi razumiju njihov sustav

Denn wie können die Menschen nicht erkennen, dass der bestmögliche Plan für den bestmöglichen Zustand der Gesellschaft ist?

Jer kako ljudi mogu ne vidjeti da je najbolji mogući plan za najbolje moguće stanje društva?

Daher lehnen sie jede politische und vor allem jede revolutionäre Aktion ab

Stoga odbacuju svaku političku, a posebno svaku revolucionarnu akciju

Sie wollen ihre Ziele mit friedlichen Mitteln erreichen

oni žele postići svoje ciljeve mirnim putem

Sie bemühen sich durch kleine Experimente, die notwendigerweise zum Scheitern verurteilt sind

oni nastoje malim eksperimentima koji su nužno osuđeni na neuspjeh

und durch die Kraft des Beispiels versuchen sie, den Weg für das neue soziale Evangelium zu ebnen

i snagom primjera nastoje utrti put novom socijalnom evanđelju

Welch phantastische Bilder von der zukünftigen Gesellschaft, gemalt in einer Zeit, in der sich das Proletariat noch in einem sehr unterentwickelten Zustand befindet

Takve fantastične slike budućeg društva, naslikane u vrijeme kada je proletarijat još uvijek u vrlo nerazvijenom stanju

und sie hat immer noch nur eine phantastische Vorstellung von ihrer eigenen Stellung

i još uvijek ima samo fantastičnu koncepciju vlastitog položaja

aber ihre ersten instinktiven Sehnsüchte entsprechen den Sehnsüchten des Proletariats

Ali njihove prve instinktivne čežnje odgovaraju čežnjama proletarijata

Beide sehnen sich nach einem allgemeinen Umbau der Gesellschaft

Oboje čeznu za općom rekonstrukcijom društva

Aber diese sozialistischen und kommunistischen Veröffentlichungen enthalten auch ein kritisches Element

Ali ove socijalističke i komunističke publikacije također sadrže kritički element

Sie greifen jedes Prinzip der bestehenden Gesellschaft an

Oni napadaju svaki princip postojećeg društva

Daher sind sie voll von den wertvollsten Materialien für die Aufklärung der Arbeiterklasse

Stoga su puni najvrjednijih materijala za prosvjetljenje radničke klase

Sie schlagen die Abschaffung der Unterscheidung zwischen Stadt und Land und der Familie vor

predlažu ukidanje razlike između grada i sela, a obitelj

die Abschaffung des Gewerbetreibens für Rechnung von Privatpersonen
ukidanje obavljanja djelatnosti za račun privatnih osoba
und die Abschaffung des Lohnsystems und die Proklamation des sozialen Friedens
i ukidanje sustava plaća i proglašenje društvenog sklada
die Verwandlung der Funktionen des Staates in eine bloße Aufsicht über die Produktion
pretvaranje funkcija države u puki nadzor nad proizvodnjom
Alle diese Vorschläge deuten einzig und allein auf das Verschwinden der Klassengegensätze hin
Svi ovi prijedlozi ukazuju isključivo na nestanak klasnih antagonizama
Klassengegensätze waren damals gerade erst im Entstehen begriffen
klasni antagonizmi su se u to vrijeme tek pojavljivali
In diesen Veröffentlichungen werden diese Klassengegensätze nur in ihren frühesten, undeutlichen und unbestimmten Formen anerkannt
U ovim publikacijama ti su klasni antagonizmi prepoznati samo u svojim najranijim, nejasnim i nedefiniranim oblicima
Diese Vorschläge haben also rein utopischen Charakter
Ti su prijedlozi, dakle, čisto utopijskog karaktera
Die Bedeutung des kritisch-utopischen Sozialismus und des Kommunismus steht in einem umgekehrten Verhältnis zur historischen Entwicklung
Značaj kritičko-utopijskog socijalizma i komunizma ima obrnuti odnos s povijesnim razvojem
Der moderne Klassenkampf wird sich entwickeln und weiter konkrete Gestalt annehmen
Moderna klasna borba će se razvijati i nastaviti poprimati određeni oblik
Dieses fantastische Ansehen des Wettbewerbs wird jeden praktischen Wert verlieren
Ovaj fantastičan status s natječaja izgubit će svu praktičnu vrijednost

Diese phantastischen Angriffe auf die Klassengegensätze
verlieren jede theoretische Rechtfertigung
Ovi fantastični napadi na klasne antagonizme izgubit će svako
teoretsko opravdanje
Die Urheber dieser Systeme waren in vielerlei Hinsicht
revolutionär
Začetnici ovih sustava bili su, u mnogim aspektima,
revolucionarni
Aber ihre Jünger haben in jedem Fall bloße reaktionäre
Sekten gebildet
ali njihovi su učenici, u svakom slučaju, formirali puke
reakcionarne sekte
Sie halten an den ursprünglichen Ansichten ihrer Meister
fest
Čvrsto se drže izvornih pogleda svojih gospodara
Aber diese Anschauungen stehen im Gegensatz zur
fortschreitenden geschichtlichen Entwicklung des
Proletariats
Ali ti su pogledi u suprotnosti s progresivnim povijesnim
razvojem proletarijata
Sie bemühen sich daher, und zwar konsequent, den
Klassenkampf abzustumpfen
Oni, stoga, nastoje, i to dosljedno, umrtviti klasnu borbu
Und sie bemühen sich konsequent, die Klassengegensätze
zu versöhnen
i dosljedno nastoje pomiriti klasne antagonizme
Noch träumen sie von der experimentellen Umsetzung ihrer
gesellschaftlichen Utopien
Još uvijek sanjaju o eksperimentalnoj realizaciji svojih
društvenih utopija
sie träumen immer noch davon, isolierte "Phalanster" zu
gründen und "Heimatkolonien" zu gründen
još uvijek sanjaju o osnivanju izoliranih "falanstera" i osnivanja
"matičnih kolonija"
sie träumen davon, eine "Kleine Ikaria" zu errichten –
Duodecimo-Ausgaben des Neuen Jerusalem

sanjaju o osnivanju "Male Ikarije" – duodecimo izdanja Novog Jeruzalema

Und sie träumen davon, all diese Luftschlösser zu verwirklichen

i sanjaju da ostvare sve te dvorce u zraku

Sie sind gezwungen, an die Gefühle und den Geldbeutel der Bourgeoisie zu appellieren

oni su prisiljeni apelirati na osjećaje i torbe buržoazije

Nach und nach sinken sie in die Kategorie der oben dargestellten reaktionären konservativen Sozialisten

Postupno tonu u kategoriju reakcionarnih konzervativnih socijalista prikazanih gore

sie unterscheiden sich von diesen nur durch systematischere Pedanterie

od njih se razlikuju samo sustavnijom pedantnošću

und sie unterscheiden sich durch ihren fanatischen und abergläubischen Glauben an die Wunderwirkungen ihrer Sozialwissenschaft

i razlikuju se po svom fanatičnom i praznovjernom vjerovanju u čudesne učinke svoje društvene znanosti

Sie widersetzen sich daher gewaltsam jeder politischen Aktion der Arbeiterklasse

Oni se, stoga, nasilno protive svakom političkom djelovanju radničke klase

ein solches Handeln kann ihrer Meinung nach nur aus blindem Unglauben an das neue Evangelium resultieren

takvo djelovanje, prema njima, može proizaći samo iz slijepe nevjere u novo Evanđelje

Die Owenisten in England und die Fourieristen in Frankreich stehen den Chartisten und den "Réformisten" entgegen

Oweniti u Engleskoj, a Fourieristi u Francuskoj, protive se chartistima i "Réformistesima"

**Stellung der Kommunisten zu den verschiedenen
bestehenden Oppositionsparteien**
Položaj komunista u odnosu na različite postojeće
suprotstavljene stranke

**Abschnitt II hat die Beziehungen der Kommunisten zu den
bestehenden Arbeiterparteien deutlich gemacht**
Odjeljak II razjasnio je odnose komunista s postojećim
strankama radničke klase
**wie die Chartisten in England und die Agrarreformer in
Amerika**
kao što su chartisti u Engleskoj i agrarni reformatori u Americi
**Die Kommunisten kämpfen für die Erreichung der
unmittelbaren Ziele**
Komunisti se bore za postizanje neposrednih ciljeva
**Sie kämpfen für die Durchsetzung der momentanen
Interessen der Arbeiterklasse**
oni se bore za provedbu trenutnih interesa radničke klase
**Aber in der politischen Bewegung der Gegenwart
repräsentieren und kümmern sie sich auch um die Zukunft
dieser Bewegung**
Ali u političkom pokretu sadašnjosti, oni također predstavljaju
i brinu se o budućnosti tog pokreta
**In Frankreich verbünden sich die Kommunisten mit den
Sozialdemokraten**
U Francuskoj su se komunisti udružili sa socijaldemokratima
**und sie positionieren sich gegen die konservative und
radikale Bourgeoisie**
i oni se pozicioniraju protiv konzervativne i radikalne
buržoazije
**sie behalten sich jedoch das Recht vor, eine kritische
Position gegenüber Phrasen und Illusionen einzunehmen,
die traditionell aus der großen Revolution überliefert sind**
međutim, oni zadržavaju pravo da zauzmu kritičko stajalište u
vezi s frazama i iluzijama koje su se tradicionalno prenosile iz
velike revolucije

In der Schweiz unterstützt man die Radikalen, ohne dabei
aus den Augen zu verlieren, dass diese Partei aus
antagonistischen Elementen besteht
U Švicarskoj podržavaju radikale, ne gubeći iz vida činjenicu
da se ta stranka sastoji od antagonističkih elemenata
teils von demokratischen Sozialisten im französischen
Sinne, teils von radikaler Bourgeoisie
dijelom demokratskih socijalista, u francuskom smislu,
dijelom radikalne buržoazije
In Polen unterstützen sie die Partei, die auf einer
Agrarrevolution als Hauptbedingung für die nationale
Emanzipation beharrt
U Poljskoj podržavaju stranku koja inzistira na agrarnoj
revoluciji kao glavnom uvjetu za nacionalnu emancipaciju
jene Partei, die 1846 den Krakauer Aufstand angezettelt
hatte
ona stranka koja je potaknula pobunu u Krakovu 1846. godine
In Deutschland kämpft man mit der Bourgeoisie, wenn sie
revolutionär handelt
U Njemačkoj se bore s buržoazijom kad god ona djeluje na
revolucionaran način
gegen die absolute Monarchie, das feudale Eichhörnchen
und das Kleinbourgeoisie
protiv apsolutne monarhije, feudalne vjeverice i sitne
buržoazije
Aber sie hören nicht auf, der Arbeiterklasse auch nur einen
Augenblick lang eine bestimmte Idee einzuflößen
Ali oni nikada ne prestaju, ni na trenutak, usaditi u radničku
klasu jednu određenu ideju
die klarste Erkenntnis des feindlichen Antagonismus
zwischen Bourgeoisie und Proletariat
najjasnije moguće priznanje neprijateljskog antagonizma
između buržoazije i proletarijata
damit die deutschen Arbeiter sofort von den ihnen zur
Verfügung stehenden Waffen Gebrauch machen können

kako bi njemački radnici mogli odmah upotrijebiti oružje koje
im je na raspolaganju
die sozialen und politischen Bedingungen, die die
Bourgeoisie mit ihrer Herrschaft notwendigerweise
einführen muss
društvene i političke uvjete koje buržoazija nužno mora uvesti
zajedno sa svojom nadmoći
der Sturz der reaktionären Klassen in Deutschland ist
unvermeidlich
pad reakcionarnih klasa u Njemačkoj je neizbježan
und dann kann der Kampf gegen die Bourgeoisie selbst
sofort beginnen
i tada bi borba protiv same buržoazije mogla odmah započeti
Die Kommunisten richten ihre Aufmerksamkeit
hauptsächlich auf Deutschland, weil dieses Land am
Vorabend einer Bourgeoisie Revolution steht
Komunisti svoju pažnju uglavnom usmjeravaju na Njemačku,
jer je ta zemlja uoči buržoaske revolucije
eine Revolution, die unter den fortgeschritteneren
Bedingungen der europäischen Zivilisation durchgeführt
werden muss
revolucija koja će se sigurno provesti u naprednijim uvjetima
europske civilizacije
Und sie wird mit einem viel weiter entwickelten Proletariat
durchgeführt werden
i to će se sigurno provoditi s mnogo razvijenijim
proletarijatom
ein Proletariat, das weiter fortgeschritten war als das
Englands im 17. und Frankreichs im 18. Jahrhundert
proletarijat napredniji od onog u Engleskoj bio je u
sedamnaestom stoljeću, a Francuske u osamnaestom stoljeću
und weil die Bourgeoisie Revolution in Deutschland nur das
Vorspiel zu einer unmittelbar folgenden proletarischen
Revolution sein wird
i zato što će buržoaska revolucija u Njemačkoj biti samo uvod
u proletersku revoluciju koja će odmah uslijediti

Kurz gesagt, die Kommunisten unterstützen überall jede revolutionäre Bewegung gegen die bestehende soziale und politische Ordnung der Dinge

Ukratko, komunisti posvuda podržavaju svaki revolucionarni pokret protiv postojećeg društvenog i političkog poretka stvari

In all diesen Bewegungen rücken sie als Leitfrage die Eigentumsfrage in den Vordergrund

U svim tim pokretima oni dovode u prvi plan, kao vodeće pitanje u svakom od njih, pitanje vlasništva

unabhängig davon, wie hoch der Entwicklungsstand in diesem Land zu diesem Zeitpunkt ist

bez obzira na stupanj razvijenosti u toj zemlji u to vrijeme

Schließlich setzen sie sich überall für die Vereinigung und Zustimmung der demokratischen Parteien aller Länder ein

Konačno, oni posvuda rade za ujedinjenje i dogovor demokratskih stranaka svih zemalja

Die Kommunisten verschmähen es, ihre Ansichten und Ziele zu verheimlichen

Komunisti preziru skrivanje svojih stavova i ciljeva

Sie erklären offen, dass ihre Ziele nur durch den gewaltsamen Umsturz aller bestehenden gesellschaftlichen Verhältnisse erreicht werden können

Oni otvoreno izjavljuju da se njihovi ciljevi mogu postići samo nasilnim rušenjem svih postojećih društvenih uvjeta

Mögen die herrschenden Klassen vor einer kommunistischen Revolution zittern

Neka vladajuće klase drhte pred komunističkom revolucijom

Die Proletarier haben nichts zu verlieren als ihre Ketten

Proleteri nemaju što izgubiti osim svojih lanaca

Sie haben eine Welt zu gewinnen

Imaju svijet za pobjedu

ARBEITER ALLER LÄNDER, VEREINIGT EUCH!

RADNICI SVIH ZEMALJA, UJEDINITE SE!

www.ingramcontent.com/pod-product-compliance
Lightning Source LLC
Chambersburg PA
CBHW011739020426
42333CB00024B/2963